教科書ガイド

ガイド

啓林館 版

ランドマーク フィット
English Communication II

T E X T

B O O K

G U I D E

文研出版

はしがき

本書は，啓林館発行の高等学校・英語コミュニケーションⅡの教科書「LANDMARK Fit English Communication Ⅱ」に準拠した教科書解説書として編集されたものです。教科書の内容がスムーズに理解できるよう工夫されています。予習や復習，試験前の学習にお役立てください。

 本書の構成

各 Lesson	
ボイント	本文の内容把握に役立つ質問を提示。
教科書本文	教科書各 Part の本文とフレーズ訳を掲載。 使用する記号： ・スラッシュ (/)　意味上の区切れや語句のまとまりを示す ・①②③ …　　　文の通し番号
単語・熟語チェック	教科書の新出単語・熟語を，教科書の出現順に掲載。 使用する記号：　名 名詞　　代 代名詞　　形 形容詞 　　　　　　　　　副 副詞　　　動 動詞　　　助 助動詞 　　　　　　　　　前 前置詞　　接 接続詞　　熟 熟語 　　　　　　　　　間 間投詞　　表 表現
Check Up! ヒント	正解を導くためのヒントとして，質問文の日本語訳と本文の該当箇所を提示。
Sum Up! ヒント	正解を導くためのヒントとして，空所以外の日本語訳を提示。
読解のカギ	本文を理解する上で説明を要する部分をわかりやすく解説。また，関連問題に挑戦できる Q を設置。
Grammar	新出文法事項をわかりやすく解説。
Finish Up! ヒント	正解を導くためのヒントとして，空所以外の日本語訳と本文の該当箇所を提示。
OUTPUT ヒント	正解を導くためのヒントを掲載。 難読語句は 単語・熟語チェック で意味を提示。
定期テスト予想問題	定期テストの予想問題を掲載。 各 Lesson 範囲の文法事項や本文の内容を問う問題を出題。

※本書では，教科書本文の全訳や問題の解答をそのまま掲載してはおりません。

Contents

Lesson 1 A Swedish Girl's Discoveries in Japan

オーサ・イェークストロム著『北欧女子オーサが見つけた日本の不思議①④⑤』KADOKAWA, 2015, 2018, 2020

PART ①

ポイント オーサの人生を変えた出来事とは何だったでしょうか。

① When Asa was 13 years old, / she watched a Japanese animation / on TV / for
オーサは 13 歳の時　　　/　　彼女は日本のアニメを見た　　/　テレビで /

the first time. // ② The pretty but strong female anime characters / changed her
初めて　　//　　かわいいけれど力強い女性のアニメキャラクターたちが　/　彼女の人生を

life. // ③ The unfamiliar country / with the images of samurai and geisha /
変えた //　　なじみの薄い国が　　/　　サムライとゲイシャのイメージの　　　/

suddenly / changed into a dreamland. // ④ It didn't take much time / for her / to
突然 /　夢の国へと変わった　　//　　大して時間はかからなかった /　彼女が /

have the dream / to be a cartoonist and live in Japan. // ⑤ In 2011, / Asa came to
夢を抱くのに /　漫画家になって日本に住むという　　//　　2011 年に /　　オーサは

Japan / and started her career / as a Japanese-style cartoonist. //
来日し / キャリアをスタートさせた /　　日本式漫画家としての　　//

⑥ Her days in Japan / are filled with / a lot of small but interesting discoveries
日本での彼女の毎日は /　~でいっぱいだ /　　　　　　小さいけれど興味深い発見と

and mistakes. // ⑦ She describes / her episodes of Japanese culture and people /
失敗の数々　//　彼女は描写している /　　日本の文化や人々にまつわるエピソードを　/

in her cartoon. // ⑧ It is called / *Nordic Girl Asa Discovers the Mysteries of Japan.* //
自分の漫画の中で //　それは呼ばれている /　　『北欧女子オーサが見つけた日本の不思議』と　　//

⑨ Her cartoon / teaches us / how to see things / in a different way. //
彼女の漫画は / 私たちに教えてくれる / ものの見方を /　異なった方法での　//

単語・熟語チェック

□ Swedish	形 スウェーデン(人[語])の	□ cartoonist	名 漫画家
□ discovery	名 発見	□ Japanese-style	形 日本式の
□ animation	名 アニメ	□ be filled with ~	熟 ~でいっぱいである
□ for the first time	熟 初めて	□ describe	動 ~を描写する
□ pretty	形 かわいい	□ episode	名 エピソード, 挿話
□ unfamiliar	形 なじみの薄い	□ cartoon	名 漫画
□ dreamland	名 夢の国	□ Nordic	形 北欧の
□ it takes + 時間 + for 人 + to *do*		□ discover	動 ~を発見する
	表 人が~するのに時間がかかる		

✓ Check Up! ヒント

1. What did Asa do when she was 13 years old?
（オーサは 13 歳の時，何をしましたか。）　→本文①

2. What did Asa do in 2011?

　（オーサは, 2011年に何をしましたか。）　→本文⑤

3. What does Asa's cartoon teach us?

　（オーサの漫画は私たちに何を教えてくれますか?）　→本文⑨

🔲 Sum Up! ヒント

オーサはスウェーデン出身である。彼女は, 13歳の時に日本に（　　）を持った。彼女の（　　）は日本式（　　）として日本に住むということだった。彼女は日本に引っ越して彼女の漫画の中で彼女の新しい経験を（　　）ことを始めた。それは私たちに（　　）ものの見方を教えてくれる。

🎵 読解のカギ

④ It **didn't take much** time for her **to have the dream to be a cartoonist** **and live in Japan.**
　〔形容詞的用法〕

（同格／= ／〈to ＋動詞の原形〉）

➡ 〈it takes ＋時間＋for 人＋to *do*〉で「人が～するのに時間がかかる」という意味。to have は名詞的用法の不定詞。直前の her が意味上の主語になっている。

➡ to be と(to) live は形容詞的用法の不定詞で, to be a cartoonist and live in Japan が同格の関係で直前の the dream を説明している。　**文法詳細 p.10**

🎵 Q1. 日本語にしなさい。

　I have a wish to be a singer in the future.

　（　　　　　　　　　　　　　　　　　　　　　　　　　　　　　）

⑤ In 2011, Asa came to Japan and started her career **as** a Japanese-style cartoonist.

➡ as は「～として」という意味の前置詞。

⑥ Her days in Japan are filled with a lot of small (but) interesting discoveries and mistakes.

➡ be filled with ～は「～でいっぱいである」という意味。

➡ but は small と interesting をつないでいて, 「小さいけれど興味深い」という意味。

⑨ Her cartoon **teaches us how to see things in a different way.**
　　　　　S　　　　　V　　O₁　　　　　O₂

➡ 〈teach ＋人＋もの〉で「(人)に(もの)を教える」という意味の SVO₁O₂ の第 4 文型の文になっている。

➡ how to *do* は, 「～する方法, ～の仕方」という意味。

🎵 Q2. 並べかえなさい。

　彼のスピーチは私たちに環境についての考え方を教えてくれた。

　(us / taught / to / his speech / how / think about) the environment.

　_____ the environment.

🎵 読解のカギ Q の解答　**Q1.** 私は将来歌手になるという願いを持っています。
　　　　　　　　　　　　Q2. His speech taught us how to think about

PART ②

ポイント　オーサが日本で発見した３つのこととは何でしょうか。

① *Now / Asa is telling you / about her discoveries in Japan.* //
さて / オーサが話している / 日本での発見について //

② First, / I love convenience store rice balls, / but / I often took a lot of time /
一つ目に / 私はコンビニおにぎりが大好きだ / しかし / しばしばかなりの時間がかかった /

to unwrap them. // ③ When I discovered how to do it, / I was delighted! // ④ It
包装を開けるのに // そのやり方がわかった時 / 私は大喜びした //

was so easy and convenient! // ⑤ Second, / I also love cup noodles, / but / I didn't
それはとても簡単で，便利だった // 二つ目に / 私はカップヌードルも大好きだ / しかし / 私は

know / there was a sticker / on the bottom of the cup / until recently. // ⑥ How
知らなかった / シールがあることを / カップの底に / 最近まで // なんて

thoughtful! // ⑦ I think / every Japanese product / has a small bit of kindness in
親切だろう // 私は思う / 日本の製品にはどれも / ほんの少しの思いやりの心が込められている

it. // ⑧ Sometimes / it's so small / that we can't notice it. //
ということを // 時には / それはあまりに小さくて / 気付くことができない //

⑨ The other day, / I bought a little gift / for a friend of mine / at a department
先日 / 私はささやかな贈り物を買った / 友人に / デパートで

store. // ⑩ It was wrapped in gorgeous paper / and was put into a fancy paper bag /
// それはとてもすてきな紙に包まれ / 上等な紙袋に入れられて /

with another spare bag as well. // ⑪ Hmm… // ⑫ Maybe / that's a bit too much! //
その上１枚予備の袋もついてきた // う～ん // もしかすると / それはちょっとやり過ぎだ //

✓ 単語・熟語チェック

☐ convenience	名便利さ		☐ kindness	名思いやりの心
☐ unwrap	動(包装)を開ける		☐ notice	動～に気が付く
☐ delighted	形(大いに)喜んで		☐ the other day	熟先日
☐ convenient	形便利な		☐ department	名売り場
☐ sticker	名シール		☐ wrap	動～を包む
☐ thoughtful	形親切な，思いやりのある		☐ gorgeous	形とてもすてきな
☐ product	名製品		☐ fancy	形上等な
☐ bit	名少し，ちょっと		☐ spare	形予備の
☐ a small bit of ~	熟ほんの少しの～		☐ as well	熟その上

✓ Check Up! ヒント

1. Why was Asa delighted when she discovered how to unwrap convenience store rice balls?

（オーサはコンビニおにぎりの包装の開け方がわかった時，なぜ喜んだのですか。）　→本文④

2. What didn't Asa know about cup noodles until recently?
（オーサは最近までカップヌードルについて何を知りませんでしたか。）　→本文⑤

3. What happened to the gift that Asa bought for a friend of hers?
（オーサが友人のために買った贈り物に何が起こりましたか。）　→本文⑩

📖 Sum Up! ヒント

オーサはコンビニの（　　）とカップヌードルの両方がとても（　　）で思いやりをもって作られていることに気付いた。彼女は，どの日本の製品もその中にちょっとした（　　）があると思う。しかしながら，彼女にとって，（　　）を包んだり予備の袋と一緒に紙袋に入れたりするのはちょっとやり（　　）だ。

🎼 読解のカギ

② ..., but I often took a lot of time **to unwrap** them.

〈to ＋動詞の原形〉［副詞的用法］

➡ to unwrap は，「～するために」という目的を表す副詞的用法の不定詞。

文法詳細 p.11

🎼 Q1. ＿＿ を埋めなさい。

私は子どもと話すために居間へ行った。

I went to the living room ＿＿＿＿＿＿ ＿＿＿＿＿＿ with my children.

⑥ **How thoughtful!**

➡ 〈How＋形容詞［副詞］(＋主語＋動詞) !〉で「なんと～だろう！」という意味を表す。ここでは，〈主語＋動詞〉が省略されている。

⑧ **Sometimes it's so small that we can't notice it.**

〈so ＋形容詞＋ that ～〉

➡ 〈so＋形容詞［副詞］＋that ～〉で「あまりに…なので～だ」という意味を表す。

🎼 Q2. 日本語にしなさい。

This bag is so expensive that I can't buy it.

(　　　　　　　　　　　　　　　　　　　　　　　　　　　　　　)

⑨ **The other day, I bought a little gift for a friend of mine ....**

➡ the other day は「先日」という意味。

➡ mine は my friends を指し，a friend of mine で「私の友人の中の 1 人(の友人)」という意味。my などの所有格の代名詞は a[an]と並べて使うことができないのでこのように〈a[an]＋名詞＋of＋所有代名詞〉という形になっている。

⑩ **... and was put into a fancy paper bag with another spare bag as well.**

➡ as well は「その上」という意味。wrapped in gorgeous paper「とてもすてきな紙に包まれ」て「その上 1 枚予備の袋もついてきた」という意味を表す。

🎼 読解のカギ Q の解答　**Q1.** to talk[speak]　　**Q2.** このかばんは高価すぎて私は買うことができない。

PART ③

ポイント　スウェーデンの人々はどのように労働を楽しんでいるでしょうか。

① Overwrapping / reminds me of / the overworking of Japanese people. //
過剰包装は / 私に~を思い出させる / 日本人の働き過ぎを //

② Sometimes / I wonder / if they are working to live / or living to work. //
ときどき / 私は~と思う / 彼らは生きていくために働いているのか / 働くために生きているのか //

③ In contrast, / many Swedish people enjoy working / to enjoy the time / when
それと対照的に / 多くのスウェーデン人は働くことを楽しんでいる / 時間を楽しむために /

they are not working. // ④ We care about / having balance in our lives. // ⑤ When
働いていない // 私たちは~を大切にしている / 生活の中でバランスを保つこと // その

we lose that balance, / we become unhappy. // ⑥ For example, / running is good
バランスが崩れると / 私たちは楽しくなくなる // たとえば / ランニングは

for your health, / but too much running / will harm you. //
健康にいい / しかしランニングをし過ぎるのは / あなたに害を及ぼす

⑦ My dear Japanese people, / I'd like to dedicate this word to you. // ⑧ It is the
親愛なる日本の皆さん / 私は皆さんにこの言葉を贈りたいと思う // それはスウェー

Swedish word *lagom*. // ⑨ It means / "just the right amount of happiness." // ⑩ In
デン語の lagom（「ちょうどいい」）という言葉だ // それは意味する /「ちょうどいい量の幸せ」を //

other words, / "it's not too much, and not too little." // ⑪ We use *lagom* / when
言い換えれば /「多過ぎず，少な過ぎず」ということだ // 私たちは lagom を使う /

talking / about the weather, work, holidays, almost everything! // ⑫ If you keep
話すとき / 天気のことや仕事のことや休みのことや，ほとんどすべてのことについて // 皆さんも

lagom in mind, / things will be just fine. //
lagom を心に留めれば / 物事はちょうどいいものになる[万事うまくいく]だろう //

単語・熟語チェック

- □ overwrapping 名 過剰包装
- □ remind 動 ~に思い出させる
- □ remind A of B 熟 A に B を思い出させる
- □ overwork 動 働き過ぎる
- □ contrast 名 対照，対比
- □ in contrast 熟 (それと)対照的に
- □ balance 名 バランス，均衡
- □ unhappy 形 不幸な，悲しい
- □ health 名 健康
- □ harm 動 ~を害する
- □ dedicate 動 ~を捧げる，~を贈る
- □ *lagom* 名 (スウェーデン語で)ちょうどいい
- □ amount 名 量
- □ in other words 熟 言い換えれば
- □ just fine 熟 ちょうどいい

✓ **Check Up! ヒント**

1. What does Asa sometimes wonder?
（オーサはときどきどんなことを思いますか。）　→本文②

2. What do Swedish people care about?
（スウェーデンの人々は何を大切にしていますか。）　→本文④

3. What does the Swedish word *lagom* mean?

（スウェーデン語の *lagom* という言葉はどういう意味ですか。）　→本文⑨⑩

🔳 Sum Up! ヒント

オーサは，ときどき日本人はいつも（　　）だと思っている。対照的に，スウェーデンの人々は，働いていない時間を楽しむために働くことを（　　）。彼らは，生活に（　　）を保つことを大切にしている。スウェーデンの *lagom* という言葉は「ちょうど（　　）量の幸せ」という意味だ。もし皆さんが *lagom* を（　　）に留めるなら，万事うまくいくだろう。

🎵 読解のカギ

① **Overwrapping reminds me of the overworking of Japanese people.**
　　　　　　　　　　　remind A of B
➡ remind A of B で「A に B を思い出させる」という意味。

🎵 Q1.　＿＿ を埋めなさい。

彼を見ると彼の父親を思い出す。He ＿＿＿＿＿＿＿＿ me ＿＿＿＿＿＿＿＿ his father.

② **Sometimes I wonder if they are working to live or living to work.**
　　　　　　S　　V　　O　　　　　　　〈to ＋動詞の原形〉［副詞的用法］
➡ if 以下は wonder の目的語になっていて，wonder if 〜で「〜なのかと思う」という意味。
➡ to live も to work も「〜するために」という意味の副詞的用法の不定詞。

③ **... enjoy working to enjoy the time when they are not working.**
　　　　V　　O［動名詞］〈to ＋動詞の原形〉［副詞的用法］
➡ working は動名詞で enjoy の目的語になっている。　　　　　　文法詳細 p.12
➡ to enjoy は「〜するために」という目的を表す副詞的用法の不定詞。
➡ when は関係副詞で，直前の the time を説明している。

④ **We care about having balance in our lives.**
➡ having は「〜を持つこと」という意味の動名詞で，having 以下が前置詞 about の目的語になっている。

　　　　　　　　　　━━ we are の省略
⑪ **We use *lagom* when talking about the weather, ...!**
➡ when のあとに，we are が省略されている。when や while で導かれる節の主語が主節の主語と同じ場合，〈主語＋be 動詞〉が省略されることがある。

⑫ **If you keep *lagom* in mind, things will ....**
➡ keep A in mind で「A を心に留める」という意味。

🎵 読解のカギ Q の解答　**Q1.** reminds, of

🔊 Grammar

G-1 不定詞の形容詞的用法

▶不定詞の形容詞的用法とは

〈to＋動詞の原形〉を不定詞という。形容詞はふつう前から名詞を修飾するが，形容詞的用法の不定詞は名詞を後ろから修飾する。〈*A*[名詞]＋to＋動詞の原形〉の形で「～する(ための)*A*」という意味を表す。形容詞的用法では，修飾される名詞と修飾する不定詞が，同格の関係になる場合や，主語と動詞の関係になる場合，目的語と動詞の関係になる場合などがある。

同格の関係

I made a promise to go to the movies with her.

(私は彼女と一緒に映画に行く約束をした。)

➡ 修飾される名詞 a promise と，その名詞を修飾する不定詞句 to go to the movies with her は同格の関係になっていて，「彼女と一緒に映画に行く(という)約束」という意味を表している。

主語と動詞の関係

Luckily, he had friends to help him.

friends は help の主語

(幸運なことに,彼には助けてくれる友人がいた。)

➡ 修飾される名詞 friends は，その名詞を修飾する不定詞句 to help him の意味上の主語になっている。

➡ friends「友人(たち)」が help him「彼を助ける」という主語と動詞の関係になっている。

➡ 「(彼を)助ける友人」＝「彼を助けてくれる友人」

目的語と動詞の関係

I have a lot of things to do today.

a lot of things は do の目的語

(今日, 私にはするべきことがたくさんある。)

➡ 修飾される名詞 a lot of things は，その名詞を修飾する不定詞 to do の意味上の目的語になっている。

➡ a lot of things「たくさんのこと」を do「する」という目的語と動詞の関係になっている。

➡ 「するためのこと」＝「するべきこと」

G-2 不定詞の副詞的用法

▶**不定詞の副詞的用法とは**

〈to ＋動詞の原形〉が副詞の働きをして，動詞・形容詞などを修飾する用法を不定詞の副詞的用法という。不定詞の副詞的用法には，「〜するために」という〈目的〉を表す意味と，「〜して…」という〈感情の原因〉を表す意味がある。

目的を表す

I got up early to catch the 6:30 train.
　　　　　　　└──┘動詞を修飾

（私は6時30分の列車に乗るために早く起きた。）

➡ 不定詞句の to catch the 6:30 train が，got up early を修飾して「〜するために」という〈目的〉を表している。

Why did you get up early?　（なぜあなたは早起きしたのですか。）
― To catch the 6:30 train.　（6 時 30 分の電車に乗るためです。）

➡ この用法の不定詞は，Why 〜 ?「なぜ〜」という疑問文に対する応答としても使われることがある。

感情の原因を表す

I'm glad to see you.
　　　　　└──┘形容詞を修飾

（私はあなたに会えてうれしいです。）

➡ 不定詞句の to see you が，glad を修飾して「〜して…」という〈感情の原因〉を表している。

I'm sorry to hear that.　（私はそれを聞いて残念です。）

They were surprised to know that.　（彼らはそれを知って驚いた。）

She was sad to read the letter.　（彼女はその手紙を読んで悲しかった。）

➡〈感情の原因〉を表す不定詞とともに用いられる形容詞には以下のようなものがある。

be happy[glad / pleased] to *do*	〜してうれしい
be sorry to *do*	〜して残念だ，〜して申し訳ない
be surprised to *do*	〜して驚いた
be sad to *do*	〜して悲しい

G-3 動名詞

▶**動名詞とは**

〈動詞の -ing 形〉は名詞の働きをして，「〜すること」という意味を表す。これを動名詞という。動名詞は文中で，主語・補語・目的語・前置詞の目的語になる。

動名詞が主語の働きをする

Playing basketball is fun.　（バスケットボールをすることは楽しい。）
　主語　　　　　　動詞

➡ Playing basketball が主語の働きをしている。
➡ 動名詞の主語は単数扱いをする。この文の場合，be 動詞には is を用いる。

動名詞が補語の働きをする

My hobby is collecting old toys.　（私の趣味は古いおもちゃを集めることです。）
　主語　　　　　補語

➡ collecting old toys が補語の働きをしている。
➡ 補語は，主語である My hobby がどのようなものであるかを説明している。

動名詞が目的語の働きをする

I like reading books.　（私は読書をすることが好きです。）
動詞　　目的語

➡ reading books が，動詞 like の目的語の働きをしている。
➡ 「〜すること」という意味の目的語は，不定詞の名詞的用法でも表せる。like や start, begin などは，動名詞も不定詞も目的語とすることができる。
➡ enjoy *do*ing「〜することを楽しむ」, finish *do*ing「〜することを終える」, stop *do*ing「〜することをやめる」などは不定詞を目的語とすることができず，動名詞のみを目的語とする。

動名詞が前置詞の目的語の働きをする

Thank you *for* coming today.　（今日は来てくれてありがとう。）
　　　　前置詞　前置詞の目的語

➡ coming today が，前置詞 for の目的語の働きをしている。
➡ 前置詞の直後に「〜すること」という意味の語を置く場合は，不定詞ではなく，動名詞を置く。
➡ be interested in *do*ing「〜することに興味がある」, without *do*ing「〜しないで」, by *do*ing「〜することによって」, before *do*ing「〜する前に」, after *do*ing「〜したあとに」, look forward to *do*ing「〜することを楽しみにする」, be good at *do*ing「〜することが得意である」, How about *do*ing 〜?「〜するのはどうですか」などが動名詞がよく使われる表現である。

🔗 Finish Up! ❶ヒント

1. 「オーサは，13歳の時テレビで日本の(　　)を見た。」名詞が入る。
　　(教 p.12, ℓℓ.1 ～ 2)
2. 「2011年に，彼女は日本に来て，日本式(　　)としてのキャリアをスタートさせた。」
　　名詞が入る。(教 p.12, ℓℓ.8 ～ 9)
3. 「彼女の漫画で，彼女は私たちに(　　)方法でのものの見方を教えてくれる。」形容詞が
　　入る。(教 p.12, ℓℓ.14 ～ 15)
4. 「私は(　　)た。」形容詞が入る。(教 p.14, ℓℓ.4 ～ 5)
5. 「なんて(　　)だろう。」形容詞が入る。(教 p.14, ℓℓ.8 ～ 9)
6, 7. 「友人への贈り物:(　　)紙で包まれ，上等な紙袋に入れられて，もう1枚(　　)の
　　袋もついてきた。」どちらも形容詞が入る。(教 p.14, ℓℓ.13 ～ 15)
8. 「(　　)→多すぎず，少なすぎず」スウェーデンの言葉が入る。(教 p.18, ℓ.11)
9. 『ちょうど(　　)量の幸せ』形容詞が入る。(教 p.18, ℓℓ.11 ～ 12)
10. 「天気のことや(　　)のことや休みのことや，ほとんどすべてのこと」名詞が入る。
　　(教 p.18, ℓℓ.14 ～ 15)

➡ OUTPUT ❶ヒント

Listen
Cartoon 1

Description: 1)「それは私たちに日本のコンビニでできる(　　)ことを教えてくれる。ま
ず，そこで請求書を(　　)ことができる。」2)「第二に，そこからファックスを(　　)な
どのようなことができる。」3)「第三に，そこでトイレを使うことができる。オーサはト
イレを使うことができてとても(　　)ドアをなでている。少年が物珍しそうに彼女を
(　　)，そして彼の母親がそうし(　　)ように言っている。(　　)では間違いなくこのよ
うなことはできない。」

Cartoon 2

Description: 1)「日本でオーサは予想は(　　)によって異なるということを学んだ。たと
えば，彼女が日本で緑色のアイスクリームを見た時，それはピスタチオ味かと(　　)。し
かし実際はそれは(　　)味だった。」2)「もちろん，それは(　　)方に起こる。彼女の日
本人の友だちがスウェーデンにいた時，友だちは黒ゴマのアイスクリームを見つけてとて
も(　　)。」3)「しかしオーサはそれは黒ゴマで(　　)リコリス味だと知っていた。友だ
ちはそれを(　　)，『げぇー…』と言った。」

Write & Speak Interact

・child labor 児童労働　　　・wroom 「ウー」(サイレンの音)
・gender equality 男女共同参画　　　・description 描写
例
Comments

I think we can learn a lot from cleaning our school. For example, we can learn how to
work together by helping each other.

定期テスト予想問題　　　解答 ➡ p.166

1 日本語に合うように，＿＿に適切な語を入れなさい。

(1) 私は宿題を終えるのに２時間かかりました。

It ＿＿＿＿＿＿ two hours for me ＿＿＿＿＿＿ finish my homework.

(2) 彼は初めて沖縄を訪れました。

He visited Okinawa ＿＿＿＿＿＿ the ＿＿＿＿＿＿ time.

(3) そのびんは水でいっぱいです。

The bottle is ＿＿＿＿＿＿ ＿＿＿＿＿＿ water.

(4) 先日，彼女はパーティーへ行きました。

The ＿＿＿＿＿＿ ＿＿＿＿＿＿, she went to a party.

2 （　）内の語のうち，適切なものを選びなさい。

(1) Are you interested (on, in, at) volunteer work?

(2) My sister works at the school (in, at, as) a teacher.

(3) I'll keep your words (on, with, in) mind.

(4) We use a large amount (for, of, by) energy every day.

3 日本語に合うように，（　）内の語句を並べかえなさい。

(1) 私はそのゲームを手に入れて，とてもうれしかった。

(very / I / the game / get / happy / to / was).

＿＿＿＿＿＿＿＿＿＿＿＿＿＿＿＿＿＿＿＿＿＿＿＿＿＿.

(2) 私の姉は英語を勉強するためにアメリカへ行くつもりです。

My sister (go / to / will / English / America / to / study).

My sister ＿＿＿＿＿＿＿＿＿＿＿＿＿＿＿＿＿＿＿＿＿.

(3) 将来について考えることはあなたたちにとって大切です。

(important / your future / for / thinking / is / about) you.

＿＿＿＿＿＿＿＿＿＿＿＿＿＿＿＿＿＿＿＿ you.

4 次の英語を日本語にしなさい。

(1) He has a wish to have his own restaurant.

＿＿＿＿＿＿＿＿＿＿＿＿＿＿＿＿＿＿＿＿＿＿＿＿＿

(2) How about going to see a movie this weekend?

＿＿＿＿＿＿＿＿＿＿＿＿＿＿＿＿＿＿＿＿＿＿＿＿＿

(3) There are many good books to read in this library.

＿＿＿＿＿＿＿＿＿＿＿＿＿＿＿＿＿＿＿＿＿＿＿＿＿

5 次の英文を読んで，あとの問いに答えなさい。

Now Asa is telling you about her discoveries in Japan.

First, I love convenience store rice balls, but ①I often (unwrap / to / a lot of / them / time / took). When I discovered how to do it, I was delighted! It was so easy and convenient! Second, I also love cup noodles, but I didn't know there was a sticker on the bottom of the cup until recently. How thoughtful! I think every Japanese product has ②a (   ) (   ) of kindness in it. ③Sometimes it's so small that we can't notice it.

(1) 下線部①が「私はしばしば包装を開けるのにかなりの時間がかかった」という意味になるように，( )内の語句を並べかえなさい。
    I often ＿＿＿＿＿＿＿＿＿＿＿＿＿＿＿＿＿＿＿＿＿＿

(2) 下線部②が「ほんの少しの～」という意味になるように，( )に適切な語を入れなさい。
    a ＿＿＿＿＿＿ ＿＿＿＿＿＿ of

(3) 下線部③の英語を日本語に訳しなさい。
    (   )

(4) 次の質問に英語で答えなさい。
    What did Asa find on the bottom of the cup?
    ＿＿＿＿＿＿＿＿＿＿＿＿＿＿＿＿＿＿＿＿＿＿

6 次の英文を読んで，あとの問いに答えなさい。

①Overwrapping (   ) me (   ) the overworking of Japanese people. Sometimes I wonder if they are working to live or living to work. In contrast, many Swedish people enjoy ②(work) to enjoy the time when they are not working. ③We (about / our / having / care / balance / lives / in). When we lose that balance, we become unhappy. For example, running is good for your health, but too much running will harm you.

(1) 下線部①が「過剰包装は私に日本人の働き過ぎを思い出させる。」という意味になるように，( )に適切な語を入れなさい。
    ＿＿＿＿＿＿＿，＿＿＿＿＿＿

(2) 下線部②の( )内の語を適切な形に書きかえなさい。
    ＿＿＿＿＿＿

(3) 下線部③が「私たちは生活の中でバランスを保つことを大切にしている。」という意味になるように，( )内の語を並べかえなさい。
    We ＿＿＿＿＿＿＿＿＿＿＿＿＿＿＿＿＿＿＿＿.

オーサ・イェークストロム著『北欧女子オーサが見つけた日本の不思議①④⑤』KADOKAWA, 2015, 2018, 2020

Lesson 2　A Message from Emperor Penguins

PART ①

◆ポイント　コウテイペンギンは何ができるのでしょうか。

① Hi. // ② I'm Mark. // ③ I'm an emperor penguin. // ④ Do you know
　こんにちは //　僕はマークだ //　　僕はコウテイペンギンだ　　//　　君は何か知って

anything / about us? // ⑤ We are the largest penguins / on Earth. // ⑥ Some of
いるか　/　僕たちについて //　僕たちは一番大きなペンギンだ　/　地球上で　//　僕たちの中に

us / can grow up / to be 130 cm tall. // ⑦ We are good at swimming. //
はいる / 伸びることがあるものが / 背丈が130cm になるまで //　　僕たちは泳ぎが得意だ　//

⑧ Moreover, / we can dive / as deep as 500 m / and stay under water / for up to 18
　それだけでなく / 僕たちは潜れる /　500m も深く　/　そして水中にいられる　/　18分間に

minutes! // ⑨ Isn't it amazing? //
達するまで //　それってすごくないか //

⑩ I live in Antarctica / with my family and friends. // ⑪ It's a very cold place. //
僕は南極大陸に住んでいる /　家族や友だちと一緒に　//　　　とても寒い所だ　　//

⑫ The temperature there / can be −60℃ / in winter. // ⑬ We often have blizzards,
そこの気温は / 摂氏マイナス60度になることもある / 冬には // 　よく猛吹雪に見舞われることも

too. // ⑭ In order to live / in such severe conditions, / we have developed / our
ある //　生きていくために　/　そんな厳しい環境で　/　僕たちは身に付けた　/　

unique behaviors. // ⑮ I hope / you find them interesting. //
独自の習性を　//　僕は望む / 君がそれらをおもしろいと思ってくれることを　//

✔ 単語・熟語チェック

- [ ] **emperor** 　图 皇帝
- [ ] **penguin** 　图 ペンギン
- [ ] **emperor penguin** 图 コウテイペンギン
- [ ] **cm[centimeter]** 图 センチメートル
- [ ] **dive** 　動 潜る
- [ ] **m[meter]** 　图 メートル
- [ ] **up to ~** 　熟 ~(に達する)まで
- [ ] **amazing** 　形 驚くべき

- [ ] **Antarctica** 　图 南極大陸
- [ ] **−A℃[minus A degrees Celsius]** 　图 摂氏マイナスA度
- [ ] **blizzard** 　图 猛吹雪
- [ ] **condition** 　图 条件，環境
- [ ] **develop** 　動 (能力など)を身に付ける
- [ ] **unique** 　形 独自の，ユニークな

✔ Check Up! ヒント

1. How tall can emperor penguins grow up to be?
　（コウテイペンギンはどのくらいの背丈まで伸びることがありますか。）　→本文⑥

2. How long can emperor penguins stay under water?
　（コウテイペンギンはどれくらいの間水中にいられますか。）　→本文⑧

3. How cold is Antarctica in winter?

（南極大陸は冬にはどれくらい寒いですか。）　→本文⑫

[🔊 **Sum Up!** ヒント]

コウテイペンギンは地球上で（　　）ペンギンだ。彼らは泳ぎと（　　）が得意だ。彼らは深く潜ることができ，（　　）間水中にいられる。彼らは南極大陸に住んでいる。そこはとても寒く，住むには（　　）所だ。そこで生きていくために，彼らは（　　）習性を身に付けた。

[🔑 **読解のカギ**]

⑥ **Some of us can grow up to be 130 cm tall.**
　➡ grow up は「成長する，伸びる」という意味。
　➡ to be は結果を表す副詞的用法の不定詞。「（結果）〜になる」という意味を表す。
　[✐ **Q1.** ＿＿ を埋めなさい。]
　　彼は身長が 180cm まで伸びた。
　　He grew up ＿＿＿＿＿＿＿ ＿＿＿＿＿＿＿ 180 cm tall.

⑧ **... dive as deep as 500 m and stay under water for up to 18 minutes!**
　➡ as deep as の deep は「深く」という意味の副詞で，〈as＋形容詞［副詞］＋as＋数詞を含む表現〉で「〜も」と程度を強調する表現。ここでは「500m も深く」という意味。
　➡ up to 〜は「〜（に達する）まで」という意味を表す。

⑫ **The temperature there can be －60℃ in winter.**
　➡ この can は，「〜することもある」という可能性を表す。

⑭ **In order to live in such severe conditions, we have developed ....**
　　　　　　　　　　　　　　　　　　　　　　　have ＋動詞の過去分詞
　➡ in order to *do* は「…するために」という意味。
　➡ have developed は「〜を身に付けた」という完了を表す現在完了形。〈have［has］＋動詞の過去分詞〉で「（すでに）〜して（しまって）いる」という現在までの動作の完了を表す。　[文法詳細 p.24]

　┌──that の省略
⑮ **I hope you find them interesting.**
　　　　　S'　V'　O'　　C'
　➡ hope のあとに that が省略されている。
　➡ find them interesting は〈find＋O＋C［形容詞］〉で「O が C であるとわかる」という意味の第 5 文型の文。
　[✐ **Q2.** 日本語にしなさい。]
　　I found the book easy.
　　（　　　　　　　　　　　　　　　　　　　　　　　　　　）

PART ②

ポイント　コウテイペンギンのユニークな行動の一つは何でしょうか。

① Hi. // ② I'm Ben, Mark's father. // ③ I will tell you / about our unique
こんにちは // 　私はベン，マークの父親だ 　// 私は君たちに話しましょう / 私たちのユニークな

behaviors. // ④ We live / with our family and friends, / and help each other. //
習性について // 私たちは暮らしている / 家族や友人たちと一緒に / そして互いに助け合っている //

⑤ You often see us moving / in a group / on TV. // ⑥ Actually, / this behavior is
君たちはよく私たちが移動しているのを見る / 群れをなして / テレビで // 　実際 / 　　 この行動は

important / for us / to survive. // ⑦ Working together / enables us to catch food
大切だ / 私たちが / 生きていくために // 　活動を共にすることが / 私たちがよりうまく食べ物を

better. //
手に入れることを可能にしてくれる //

⑧ One of our unique behaviors is "huddling." // ⑨ When the temperature is
　私たちのユニークな習性の一つに「ハドリング」がある // 　　　　　　　気温が下回った

lower than / −10℃, / we do "huddling." // ⑩ All of us begin / to get closer to
とき / 摂氏マイナス 10 度を / 私たちは「ハドリング」をする // 私たちは皆始める / 互いにより接近して

each other / and huddle together. // ⑪ We warm ourselves up / like *oshikuramanju*
/ そして身を寄せ合うことを// 私たちは身体を温める / 「おしくらまんじゅう」のように /

to survive. // ⑫ We rotate / from the inside to the outside. // ⑬ In this way, /
生き延びるために // 私たちは交替する / 　内側から外側へと 　　 // 　こうすることで /

every one of us / can be warmed up / equally. //
私たち全員が / 温まることができる / 平等に //

✓ 単語・熟語チェック

☐ **in a group**	熟 群れをなして	☐ **get closer to ~**	熟 ~により接近する
☐ **enable**	動 ~を可能にする	☐ **huddle**	動 身を寄せ合う
☐ **enable A to do**		☐ **rotate**	動 交替する，回転する
	熟 A が~するのを可能にする	☐ **outside**	名 外側
☐ **huddling**		☐ **equally**	副 平等に
	名 ハドリング，身を寄せ合うこと		

✓ Check Up! ヒント

1. How do emperor penguins live?
（コウテイペンギンはどのように暮らしていますか。）　→本文④

2. When do emperor penguins do "huddling"?
（コウテイペンギンはいつ「ハドリング」をしますか。）　→本文⑨

3. How can all the emperor penguins be equally warmed up?
（コウテイペンギンは皆どのようにして平等に温まることができますか。）　→本文⑫

📖 **Sum Up!** ヒント

コウテイペンギンは（　　）をなして暮らしていて，互いに助け合う。彼らは（　　）活動するとき，よりうまく食べ物を手に入れることができる。一つのユニークな習性は「（　　）」と呼ばれている。気温がかなり下がったとき，彼らは互いに（　　）して，身体を温める。（　　）によって，全員が温まることができる。

🔑 **読解のカギ**

⑤ **You often see us moving in a group on TV.**
　　S　　　　V　O　現在分詞

➡ see us moving は〈see＋O＋現在分詞〉で「O が〜しているのを見る」という知覚動詞の用法。

➡ in a group は「群れをなして」という意味。

🔑 **Q1.** ＿＿＿ を埋めなさい。
　私は小さな男の子が一人で歩いているところを見た。
　I ＿＿＿＿＿＿ a little boy ＿＿＿＿＿＿ alone.

⑥ **Actually, this behavior is important for us to survive.**
　　　　　　　　　　　　　　　　　　　意味上の主語　　不定詞

➡ for us が不定詞 to survive の意味上の主語になっていて，「私たちが生きていくために」という意味を表している。

⑦ **Working together enables us to catch food better.**
　　　　S　　　　　　　enable A to do

➡ 動名詞句の Working together が文の主語になっている。動名詞が主語の場合，単数扱いになるので，動詞は enables と s が付いている。

➡ enable A to do で「A が〜するのを可能にする」という意味。

⑩ **All of us begin to get closer to each other and huddle together.**

➡ get closer to 〜で「〜により接近する」という意味を表す。

➡ and は to get closer to each other と (to) huddle together をつないでいる。

⑪ **We warm ourselves up like *oshikuramanju* to survive.**

➡ warm 〜 up［warm up 〜］で「〜を温める」という意味。

➡ to survive は「生き延びるために」という目的を表す副詞的用法の不定詞。

⑬ **In this way, every one of us can be warmed up equally.**
　　　　　　　　　　　　　　　can be 動詞の過去分詞

➡〈can be＋動詞の過去分詞〉は助動詞を含む受動態で「〜されることができる」という意味。　　　　文法詳細 p.25 ▶

➡ warm 〜 up［warm up 〜］の〜にあたる every one of us が主語になっている。

🔑 **Q2.** 並べかえなさい。
　On a sunny day, (the sea / be / from / can / seen) here.
　On a sunny day, ＿＿＿＿＿＿＿＿＿＿＿＿＿＿＿＿＿＿＿＿＿ here.

🔑 読解のカギ Q の解答　**Q1.** saw, walking　　**Q2.** the sea can be seen from

PART ❸

> **ポイント**　　コウテイペンギンは赤ちゃんをどうやって育てるのでしょうか。
>
> ① Hi. // ② I'm Emily, / Mark's mother. // ③ Let me tell you / how we raise our
> こんにちは // 私はエミリー／ マークの母親だ　//　　話させて　／　私たちがどうやって子育てを
>
> babies. // ④ After we mothers lay our eggs, / we go out to sea / to get food / for
> するのかを // 私たち母親は卵を産むと／ 私たちは海に出かけていく／ 食べ物を手に入れるために／
>
> our future babies. // ⑤ The fathers keep the eggs warm / alone / for nine weeks /
> 生まれてくる赤ちゃんのための // 　　父親は卵を温める　／ 自分だけで／　9週間　／
>
> without eating anything! //
> 何も食べずに　　　//
>
> ⑥ When the eggs hatch, / and if we have not yet returned, / the fathers give
> 卵がかえったとき　／　もし私たちがまだ戻っていなかったら　／　父親は赤ちゃんに
>
> our babies / a nutritious white liquid. // ⑦ It is called "penguin milk." // ⑧ They
> 与える　／　栄養たっぷりの白い液体を　// それは「ペンギンミルク」と呼ばれる //　父親は
>
> squeeze it / out of their bodies / to feed our babies. // ⑨ When we return with
> それを絞り出す／　身体から　／　赤ちゃんにあげるために// 私たちが食べ物を持って帰って
>
> food, / the fathers can finally go and get / their own food. // ⑩ However, / some
> くると／ 父親はようやくとりに行くことができる／ 自分自身の食べ物を// 　でも　／　海に
>
> do not reach the sea / because they have used up / all their strength. // ⑪ They
> たどり着かないものもいる／　使い果たしてしまったから　／　すべての体力を　//
>
> sacrifice themselves / to bring up our babies. //
> 彼らは自分を犠牲にする／ 赤ちゃんを育てるために　//

✓ 単語・熟語チェック

☐ **lay**	動 (卵)を産む	☐ **liquid**	名 液体
☐ **lay** *one's* **egg**	熟 卵を産む	☐ **squeeze**	動 ~を絞り出す
☐ **go out to** ~	熟 ~へ出かけていく	☐ **use up** ~	熟 ~を使い果たす
☐ **hatch**	動 (卵が)かえる	☐ **strength**	名 力, 体力
☐ **nutritious**	形 栄養のある	☐ **sacrifice**	動 ~を犠牲にする

✓ Check Up! ヒント

1. What do the mothers do after laying their eggs?
（母親たちは卵を産んだあと何をしますか。）　→本文④

2. What do the fathers do?　（父親たちは何をしますか。）　→本文⑤

3. Why don't some fathers reach the sea?
（父親の中にはなぜ海にたどり着かないものがいるのですか。）　→本文⑩

📋 Sum Up! ヒント

母親たちは卵を（　　）あと，食べ物を手に入れるために海へ出かけていく。父親たちは，
何も食べずに9週間（　　）卵を温める。卵が（　　）あと，母親たちがまだ戻っていなけれ

ば，父親たちは自分の身体から栄養のある「ペンギンミルク」を（　　）ことによって，赤ちゃんに与える。彼らは赤ちゃんのために自分を（　　）。

🎸 **読解のカギ**

let　O　動詞の原形

③ Let <u>me</u> <u>tell</u> <u>you</u> how we raise our babies.
　　　　　V'　O'(人)　　O'(もの)〈間接疑問文〉

→ let は使役動詞で〈let ＋ O ＋ 動詞の原形〉で「O に〜させる」という意味。

→ tell 以下は〈tell ＋ O(人) ＋ O(もの)〉で「(人)に(もの)を話す」という意味。how 以下が 2 つ目の O(もの)にあたり，間接疑問文になっている。間接疑問文では疑問詞のあとに平叙文の語順が続く。　　　　　　　　　　　　文法詳細 pp.25〜26 ▶

🎵 **Q1.** ＿＿ を埋めなさい。

私は何をすべきか教えて。Tell me ＿＿＿＿＿＿ I ＿＿＿＿＿＿ do.

④ ..., we go out <u>to</u> sea <u>to get</u> food for our future babies.

→ go out to 〜で「〜へ出かけていく」という意味を表す。

→ to get は〈to ＋ 動詞の原形〉で「〜するために」という目的を表す副詞的用法の不定詞。

⑤ The fathers keep <u>the eggs</u> warm alone for nine weeks without eating anything!
　　　　　　　　keep　　　O　　　C[形容詞]

→ 〈keep ＋ O ＋ C[形容詞]〉で「O を C の状態に保つ」という意味を表す。

⑥ When the eggs hatch, and if we have not yet returned, ...
　　　　　　　　　　　　　　　　have not　　　動詞の過去分詞

→ have not yet returned は「まだ戻っていない」という意味で，完了を表す現在完了形の否定文。このように yet が have not と動詞の過去分詞の間に入ることがある。

⑧ They squeeze it out of their bodies <u>to feed</u> our babies.

→ to feed は〈to ＋ 動詞の原形〉で「〜するために」という目的を表す副詞的用法の不定詞。

⑨ ..., the fathers can finally go and get their own food.

→ go and *do* で「〜しに行く」という意味を表す。

⑪ They sacrifice themselves <u>to bring up</u> our babies.

→ to bring は〈to ＋ 動詞の原形〉で「〜するために」という目的を表す副詞的用法の不定詞。

→ bring up 〜は「(子ども)を育てる」という意味。

🎵 **Q2.** 日本語にしなさい。

They worked hard to bring up their children.

（　　　　　　　　　　　　　　　　　　　　　　　　　　　　　）

PART ④

ポイント　「ファーストペンギン」とは何でしょうか。

① This is Mark again. // ② My parents have been telling me / to be "the first
　再びマークだよ　//　僕の両親はずっと僕に言っている　/「ファーストペンギン」

penguin" / since I was born. // ③ "The first penguin" is the penguin / that dives
になるよう /　僕が生まれた時から //　「ファーストペンギン」とはペンギンだ　/　海の中に

into the sea / first / to get food. // ④ There are predators / like seals and killer
飛び込む / 最初に / 食べ物を手に入れるために // 捕食動物がいる / アザラシやシャチと

whales / that want to eat us, / so / it is very scary / to go first. // ⑤ But /
いった / 僕たちをえさにしたがっている / だから / とても怖い / 一番乗りするのは // でも /

someone has to do it / for everyone / to survive. // ⑥ Eventually / one brave
誰かがそれをしないといけない / みんなが / 生きていくために // 結局 / 一匹の勇敢な

penguin / dives into the sea. // ⑦ Then, / the others follow / after confirming /
ペンギンが / 海に飛び込む // そして / 他のものたちはあとに続く / 確認した上で /

their hero is still alive. // ⑧ In your human world, / the expression "the first
自分たちの英雄がまだ生きているのを// 君たちの人間界では / 「ファーストペンギン」という

penguin" / is used / for a person / who tries out new things / without fear. //
表現が　/ 使われる / 人を表すのに /　新しいことを試してみる / 恐れることなく //

⑨ Well, / it's time to say good-bye. // ⑩ Did you enjoy our stories? // ⑪ What
それでは / そろそろお別れの時間だ // 僕たちの物語は楽しかったか // どんな

have you found interesting / about our behavior? //
ところが興味深いと思ったか / 僕たちの習性について //

単語・熟語チェック

☐ dive into ~	熟 ~に飛び込む	☐ eventually	副 結局, とうとう
☐ predator	名 捕食動物	☐ brave	形 勇敢な
☐ seal	名 アザラシ	☐ confirm	動 ~を確認する
☐ killer	名 殺す人[もの・動物]	☐ expression	名 表現
☐ whale	名 クジラ	☐ try out ~	熟 ~を試してみる
☐ killer whale	名 シャチ	☐ fear	名 恐れ, 恐怖心

✔ Check Up! ヒント

1. What have Mark's parents been telling him since he was born?
（マークの両親は, 彼が生まれてからずっと何を言っていますか。）　→本文②

2. What do the other penguins do before following the first penguin?
（他のペンギンたちは, ファーストペンギンのあとに続く前に何をしますか。）　→本文⑦

3. What is "the first penguin" in the human world?
（人間界での「ファーストペンギン」とは何のことですか。）　→本文⑧

Sum Up! ヒント

「（　　）ペンギン」は, 食べ物を手に入れるために最初に海に飛び込むペンギンだ。ペン

ギンは，海の（   ）を怖がるが，一匹のペンギンが飛び込んだら，他のペンギンは（   ）。この表現は恐れること（   ）新しいことを試してみる人のことを表すのに（   ）の世界でも使われる。

🎵 読解のカギ

② ... have been <u>telling</u> **me** <u>to be</u> "the first penguin" since I was born.

     tell   O   to *do*

➡ have been telling は〈have[has] been + 動詞の -ing 形〉で「（今まで）ずっと～している」という意味の現在完了進行形。   文法詳細 p.26 ▶

➡ tell me to be は〈tell + O + to *do*〉で「O に～するように言う」という意味。

🎵 **Q1.** _____ を埋めなさい。

1 週間ずっと雨が降っている。It _____ _____ raining for a week.

③ "The first penguin" is the penguin [that dives into the sea first to get food].

     先行詞 ↑_____ 関係代名詞

➡ that は主格の関係代名詞で，that 以下が先行詞 the penguin を説明している。

➡ dive into ～は「～に飛び込む」という意味。

④ There are <u>predators like seals and killer whales</u> [that want to eat us], ...

     先行詞 ↑_____ 関係代名詞

➡ that は主格の関係代名詞で，that ... us が先行詞 predators ... whales を説明している。

⑤ But someone has to do it for everyone to survive.

     意味上の主語 ↑_____ 不定詞

➡ for everyone は to survive の意味上の主語で，「みんなが生き残るために」という意味を表す。

⑧ ..., the expression "the first penguin" is ... a person [who tries out new ... fear].

     └__=__┘ 同格   先行詞↑_____ 関係代名詞

➡ the expression と"the first penguin"は同格。

➡ who は主格の関係代名詞で，who 以下が先行詞 a person を説明している。

➡ try out ～は「～を試してみる」という意味。

   疑問詞 have 主語 過去分詞

⑪ **What** have **you** found interesting about our behavior?

     O   V   S   V   C

➡ What ... interesting は〈find + O + C[形容詞]〉「O が C だとわかる」という第 5 文型の O が疑問詞の What になった疑問文。

➡ What have you found は疑問詞で始まる現在完了形の疑問文。ここでは完了の意味で使われている。

🎵 **Q2.** 日本語にしなさい。

What have you done today?

(   )

🎵 読解のカギ Q の解答   **Q1.** has been   **Q2.** あなたは今日何をしましたか。

📖 Grammar

G-1 現在完了形

▶現在完了形とは

〈have[has]＋動詞の過去分詞〉の形を現在完了形といい，過去に起こったことが現在とつ
ながっていることを表す。現在完了形には，完了・経験・継続の３つの用法がある。

完了

I **have** *just* **heard** the news. 　（私はちょうどその知らせを聞いたところだ。）

➡ 完了を表す現在完了形は「（今）～したところだ，（すでに）～して（しまって）いる」と
　 いう意味で，過去からの動作が現在までに完了したことを表す。

➡ 完了を表す現在完了形では，just「ちょうど」，already「すでに，もう」，yet「（否
　 定文で）まだ，（疑問文で）もう」などのような語がよく使われる。

I **haven't done** my homework *yet*. ＝ I **haven't** *yet* **done** my homework.

（私は，まだ宿題をしていない。）

➡ 否定文は〈have[has] not＋動詞の過去分詞〉の語順になる。yet は文末に置くことが
　 多いが，not の直後に置くこともある。

➡ have not の短縮形は haven't，has not の短縮形は hasn't で表す。

経験

I **have met** Judy's brother *twice*. 　（私はジュディーのお兄さんに２度会ったことがある。）

➡ 経験を表す現在完了形は「（今までに）～したことがある」という意味で，過去から現
　 在までに経験したことを表す。

➡ 経験を表す現在完了形では，once「１度，かつて」，twice「２度」，three times「３
　 度」，before「以前に」，never「一度も～ない」，ever「（疑問文で）今までに」，
　 How many times[How often] ～？「何回～」などのような，頻度や回数を表す語句
　 がよく使われる。never は have[has] のあとに置く。

継続

She **has lived** in Paris *for* three years. 　（彼女はパリに３年間住んでいる。）

➡ 継続を表す現在完了形は「（今まで）ずっと～である」という意味で，過去の状態が現
　 在まで継続していることを表す。

➡ 継続を表す現在完了形では，live や be のような状態を表す動詞が使われる。

➡ 継続を表す現在完了形の文では，for「～の間」，since「～（して）以来」のような語
　 がよく使われる。for のあとには期間を表す語句が，since のあとには過去の時を表
　 す語句や文が続く。

G-2 助動詞を含む受動態

▶助動詞を含む受動態とは

受動態は〈be 動詞＋動詞の過去分詞〉の形で表すが，助動詞を含む文も受動態にすることができる。助動詞のあとの動詞は原形になるので，〈助動詞＋be＋動詞の過去分詞〉の形で表す。助動詞は can, will, may, must, should などを使うことができる。

平叙文

The fireworks **can be seen** from my house.　（私の家から花火が見える。）

His new movie **will be released** in May.　（彼の新しい映画は5月に公開されるだろう。）

The game **may be canceled**.　（その試合は中止されるかもしれない。）

The meeting **must be held**.　（その会議は開催されなければならない[されるにちがいない]。）

The meeting **should be held**.　（その会議は開催されるべきだ[されるはずだ]。）

➡ 〈can be＋過去分詞〉は「〜されることができる」，〈will be＋過去分詞〉は「〜されるだろう」，〈may be＋過去分詞〉は「〜されるかもしれない」，〈must be＋過去分詞〉は「〜されなければならない，〜されるにちがいない」，〈should be＋過去分詞〉は「〜されるべきだ，〜されるはずだ」という意味をそれぞれ表す。

否定文

The fireworks **can't be seen** from my house.　（私の家から花火は見えない。）

➡ 助動詞を含む受動態の否定文は，助動詞のあとに not を置き，〈助動詞＋not be＋過去分詞〉の語順で表す。

疑問文

Will his new movie **be released** in May?　（彼の新しい映画は5月に公開されるだろうか。）

➡ 助動詞を含む受動態の疑問文は，主語の前に助動詞を置き，〈助動詞＋主語＋be＋過去分詞〜?〉の語順で表す。

G-3 間接疑問文

▶間接疑問文とは

疑問詞を含む wh- 疑問文が，別の文の中で目的語(O)などになる場合，これを間接疑問文という。間接疑問文では，疑問文の語順ではなく，平叙文〈S＋V〉の語順になる。

S＋V＋疑問詞〜

I know. ＋ Why is he angry?

→ I know why he is angry.　（私は彼がなぜ怒っているか知っている。）
　S　V　O　〈S' V'〉

➡ 〈S＋V＋O〉の文の O に疑問詞で始まる文がくる。

➡ 疑問詞のあとの語順は〈疑問詞＋S'＋V'〉になる。

S＋V＋O＋疑問詞〜

Could you tell me? + Where does Mr. Hara live?

→ Could you tell me **where** Mr. Hara lives?
　V 　　S 　V 　O　O 　　　〈S' 　　V'〉

　（原さんはどこに住んでいるか私に教えていただけますか。）

I'll ask him. + Who broke the window?

→ I'll ask him **who** broke the window.
　S 　V 　　O 　O 〈S' V'〉

　（誰が窓を割ったのか，彼に尋ねてみます。）

➡ 〈S＋V＋O＋O〉の２つ目の O に疑問詞で始まる文がくる。

➡ 疑問詞のあとの語順は〈疑問詞＋S'＋V'〉になる。２文目では疑問詞が主語の働きをしているので〈疑問詞＋V'〉になっている。

G-4 現在完了進行形

▶ **現在完了進行形とは**

現在完了進行形〈have［has］been＋動詞の -ing 形〉は，動作が継続していることを表すときに用いる形である。現在完了形よりも「ずっと，絶え間なく続いている」という継続の意味合いが強調される。現在完了進行形にできるのは watch などの動作を表す動詞（動作動詞）のみで，know などの状態を表す動詞（状態動詞）をこの形にすることはできない。状態が現在まで継続していることは現在完了形〈have［has］＋動詞の過去分詞〉で表す。

現在完了進行形

He **has been watching** TV *since* this morning.
　　 has been ＋動詞の -ing 形

≒ He **has watched** TV *since* this morning. 　 ［現在完了形の継続用法］
　　 has ＋動詞の過去分詞

（彼は今朝からずっとテレビを見続けている。）

➡ 現在完了進行形は「（今まで）ずっと〜している」という意味で，過去から現在まで動作が継続していることを表す。

➡ 現在完了進行形では，for「〜の間」や since「〜（して）以来」がよく使われる。

➡ watch などの動作動詞は，現在完了形でも〈継続〉を表すことができる。現在完了進行形のほうが，「ずっと途切れることなくし続けている」という継続の意味合いが強くなる。

現在完了形

I **have known** Judy *for* ten years. 　（私はジュディーを 10 年間知っている。）
 have ＋動詞の過去分詞

➡ know は状態動詞なので，現在完了進行形にすることはできない。状態動詞を使って，過去から現在まで継続していることを表したい場合は，現在完了形を用いる。

🔖 Finish Up! ❗ヒント

1.「よく（　　）がある。」名詞が入る。(教 p.26, ℓ.9)

2.「すべての動物にとって生きていくのに（　　）場所」形容詞が入る。
 (教 p.26, ℓℓ.10 ～ 11)

3.「僕たちは地球上で最大のペンギンで背丈が（　　）cm にまでなる。」数字が入る。
 (教 p.26, ℓℓ.3 ～ 4)

4.「僕たちは（　　）分間に達するまで水中にいられる。」数字が入る。(教 p.26, ℓℓ.4 ～ 6)

5.「本当に寒くなると，僕たちは（　　）。」動詞が入る。(教 p.28, ℓℓ.9 ～ 10)

6.「僕たちはみんなが温まれるように，内側から外側へと（　　）。」動詞が入る。
 (教 p.28, ℓℓ.11 ～ 12)

7.「（　　）ペンギンは卵を産んでから赤ちゃんのための食べ物を手に入れるため海へ出かけていく。」形容詞が入る。(教 p.30, ℓℓ.2 ～ 4)

8, 9.「（　　）ペンギンは卵を温め，赤ちゃんに『ペンギンミルク』を与え，子どもを育てるために自分を（　　）。」形容詞と動詞が入る。(教 p.30, ℓℓ.4 ～ 8, ℓℓ.13 ～ 14)

10.「人間界→（　　）なしで新しいことを試してみる人」名詞が入る。(教 p.32, ℓℓ.9 ～ 12)

🔈 OUTPUT ❗ヒント

Listen

Daisuke

Reasons / Details: ・「彼らはちょうど（　　）のように（　　），そして私はそれは本当に（　　）と思う。」

　　　　　　　　 ・「一人の（　　）として，私はこういう類いの（　　）精神は好きだ！」

Risa

Reasons / Details: ・「私はそんなに（　　）ではないから，本当に（　　）に行動するペンギンを（　　）。」

　　　　　　　　 ・「マークについて（　　）が，私に自分の人生で（　　）ペンギンになってみることを本当に（　　）。」

Write & Speak

例 I am interested in koalas. First, they sleep for about 20 hours a day. In fact, they spend most of the day sleeping. Second, they have a pouch for their baby on their stomach like kangaroos. They are cute animals, but also have many unique aspects we do not know about.

Interact

例

He is interested in koalas.

Reasons / Details:

・They sleep for about 20 hours a day.

・They have a pouch for their baby on their stomach like kangaroos.

Questions: Did you know we had a koala in Tennoji Zoo in Osaka before?

📝 定期テスト予想問題　　解答 → p.167

1 日本語に合うように，___に適切な語を入れなさい。

(1) これらのゾウは群れをなして暮らしている。

These elephants live ＿＿＿＿＿＿ a ＿＿＿＿＿＿.

(2) そのシステムは学生がオンライン授業を受けるのを可能にする。

The system ＿＿＿＿＿＿ students ＿＿＿＿＿＿ take online classes.

(3) 彼らは先週自分たちのお金をすべて使い果たした。

They ＿＿＿＿＿＿ ＿＿＿＿＿＿ all their money last week.

(4) 私は新しいレシピを試してみたい。

I want to ＿＿＿＿＿＿ ＿＿＿＿＿＿ new recipes.

2 ( )内の語のうち，適切なものを選びなさい。

(1) She opened the door (for, by) her cat to go out of the room.

(2) Let's get closer (to, with) each other.

(3) I dived (on, into) the sea.

3 日本語に合うように，( )内の語を並べかえなさい。

(1) その本は貧しい子どもたちに送られる予定だ。

(will / poor / be / sent / books / to / the) children.

＿＿＿＿＿＿＿＿＿＿＿＿＿＿＿＿＿＿＿＿＿＿＿ children.

(2) 私の父はちょうど家を出たところだ。

(just / father/ has / home / my / left).

＿＿＿＿＿＿＿＿＿＿＿＿＿＿＿＿＿＿＿＿＿＿＿＿.

(3) 彼女は今朝からずっと勉強している。

She (this / has / since / studying / been / morning).

She ＿＿＿＿＿＿＿＿＿＿＿＿＿＿＿＿＿＿＿＿＿＿＿.

(4) 私は息子に誕生日に何が欲しいかをたずねた。

(asked / wanted / what / son / I / my / he) for his birthday.

＿＿＿＿＿＿＿＿＿＿＿＿＿＿＿＿＿＿＿＿ for his birthday.

4 次の英語を日本語にしなさい。

(1) I can show you how we play this game.

(　　　　　　　　　　　　　　　　　　　　　　)

(2) It has been snowing since last night.

(　　　　　　　　　　　　　　　　　　　　　　)

(3) This bird can be found in Australia.

(　　　　　　　　　　　　　　　　　　　　　　)

5 次の英文を読んで，あとの問いに答えなさい。

　Hi.　I'm Mark.　I'm an emperor penguin.　Do you know anything about us?
We are the largest penguins on Earth.　①(to / of / up / us / grow / some / can
/ be) 130 cm tall.　We are good at swimming.　Moreover, ②we can dive as deep
as 500 m and stay under water ③for (　　　) (　　　) 18 minutes!　Isn't it amazing?

　I live in Antarctica with my family and friends.　It's a very cold place.　The
temperature there can be – 60℃ in winter.　We often have blizzards, too.　In
order to live in such severe conditions, we have developed our unique behaviors.
I hope you find them interesting.

(1) 下線部①が「僕たちの中には背丈が 130cm になるまで伸びることがあるも
　　のがいる。」という意味になるように，（　）内の語を並べかえなさい。
　　_____ 130 cm tall.

(2) 下線部②の英語を日本語に訳しなさい。
　　(　　　　　　　　　　　　　　　　　　　　　　　　　　　　　)

(3) 下線部③が「18 分間に達するまで」という意味になるように，（　）に適切な
　　語を入れなさい。
　　for _____ _____ 18 minutes

(4) 次の質問に英語で答えなさい。
　　What have emperor penguins developed to live in severe conditions?
　　_____

6 次の英文を読んで，あとの問いに答えなさい。

　Hi.　I'm Emily, Mark's mother.　①(tell / how / we / me / raise / you / let)
our babies.　After we mothers ②(　　　) our eggs, we go out to sea to get food
for our future babies.　③The fathers keep the eggs warm alone for nine weeks
without eating anything!

(1) 下線部①が「私たちがどうやって子育てをするのかを話させて。」という意
　　味になるように，（　）内の語を並べかえなさい。
　　_____ our babies.

(2) 下線部②が「卵を産む」という意味になるように，（　）に適切な語を入れな
　　さい。　　　　　　　　　　　　　　　　　　_____ our eggs

(3) 下線部③の英語を日本語に訳しなさい。
　　(　　　　　　　　　　　　　　　　　　　　　　　　　　　　　)

(4) 次の質問に英語で答えなさい。
　　Why do mothers go out to sea?
　　_____

Lesson 3 : Tokyo's Seven-minute Miracle

PART ①

ポイント　スタッフたちは 7 分以内に何をするのでしょうか。

① Before the Shinkansen train arrives at Tokyo Station, / staff members
新幹線が東京駅に到着する前　　　　　　　/ 制服を着たスタッフたちが

wearing uniforms appear. // ② They stand in line on the platform / with cleaning tools. //
現れる　　　　　　//　彼らはプラットホームに一列に並ぶ　/　清掃用具を持って　//

③ They bow deeply to the passengers. // ④ As soon as the last passenger gets off
彼らは乗客に深々とおじぎをする　　//　　　　最後の乗客が電車を降りると

the train, / they go into each car / and begin cleaning. //
すぐに　/　彼らは各車両に乗り込む　/　そして清掃を始める　//

⑤ They have to finish the following things / within only seven minutes: /
彼らは次のことを終わらせなければならない　/　　たった 7 分以内に　　/

1. / collect large pieces of garbage /
1. /　　大きなごみを集める　　/

2. / collect garbage from the pockets / of the back of the seats /
2. /　　ポケットからごみを集める　/　　座席裏側の　　/

3. / turn the seats around /
3. /　座席の向きを変える　/

4. / wipe the tables / and windows when necessary /
4. /　テーブルを拭く　/　　そして必要なら窓も　　/

5. / check whether any garbage is left / on the seats /
5. /　少しのごみも残っていないか確認する　/　座席に　/

6. / open the curtains of the windows /
6. /　　窓のカーテンを開ける　　/

7. / sweep the floors /
7. /　床を掃く　/

8. / check whether any baggage is left / on the overhead racks /
8. /　いかなる荷物も置き忘れられていないか確認する　/　　頭上の棚に　/

9. / check that each seat is safely locked //
9. /　各座席が安全に固定されているか確認する　//

⑥ After they finish their work, / they stand in line on the platform / and bow
彼らは仕事を終えると　　/　彼らはプラットホームに一列に並ぶ　/　そしてもう一度深々と

deeply again. //
おじぎをする　//

☑ 単語・熟語チェック

☐ miracle	名 奇跡	☐ turn ~ around	熟 ~の向きを変える
☐ within	前 ~以内に	☐ wipe	動 ~を拭く
☐ stand in line	熟 一列に並ぶ	☐ necessary	形 必要な
☐ platform	名 プラットホーム	☐ when necessary	熟 必要なら
☐ deeply	副 深く	☐ curtain	名 カーテン
☐ passenger	名 乗客	☐ sweep	動 ~を掃く
☐ as soon as ~	熟 ~するとすぐに	☐ baggage	名 荷物
☐ get off ~	熟 ~を降りる	☐ overhead	形 頭上の
☐ following	形 次の，以下の	☐ rack	名 棚
☐ a piece of ~	熟 1つの~	☐ lock	動 ~を固定する
☐ garbage	名 ごみ，生ごみ		

✓ Check Up! ヒント

1. What do the staff members have when they stand in line on the platform?
（スタッフたちがプラットホームに一列に並ぶとき，彼らは何を持っていますか。）　→本文②

2. How many minutes do the staff members have to finish cleaning?
（清掃を終えるのにスタッフたちには何分ありますか。）　→本文⑤

3. What do the staff members do after they finish cleaning?
（清掃を終えると，スタッフたちは何をしますか。）　→本文⑥

📖 Sum Up! ヒント

新幹線が東京駅に到着すると，清掃用具を（　　）スタッフたちがプラットホームに（　　）
に並ぶ。彼らは（　　）に深々とおじぎをする。最後の乗客が降りるとすぐに，彼らは各車
両の清掃を始める。彼らには清掃を終えるのに（　　）分ある。それから，彼らはもう一度
一列に並び，（　　）。

🔑 読解のカギ

① **Before the Shinkansen train arrives at Tokyo Station, staff members wearing
uniforms appear.**　　　　　　　　　　　　　　　　名詞 ┌──────┐ 現在分詞

➡ wearing は「~を着ている」という意味を表す現在分詞。uniforms を伴って直前の
　名詞 staff members を後ろから修飾している。　　　文法詳細 p.38 ▶

④ **As soon as the last passenger gets off the train, they go into each car and begin
cleaning.**　　　　　　　S'　　　　　V'

➡ 〈as soon as＋S'＋V'〉は「S'がV'するとすぐに」という意味。

➡ get off ~は「~を降りる」という意味。

PART ➋

ポイント 清掃スタッフたちは何と呼ばれているのでしょうか。

① The cleaning staff members / are called the Tessei. // ② They clean about
その清掃スタッフたちは / テッセイと呼ばれる // 彼らは1日に

20 Shinkansen trains a day / in a team of 22. // ③ Everyone is surprised / when they
約20本の新幹線を清掃する / 22人のチームで // 誰もが驚く / 彼らの

see their speedy performance. // ④ Many visitors come to observe their performance /
迅速な仕事ぶりを見ると // 多くの訪問者が彼らのパフォーマンスを観察しにやって来る /

from abroad. // ⑤ A world-famous TV channel / once called it "Tokyo's seven-minute
海外から // 世界的に有名なあるテレビチャンネルは / かつてそれを「東京の7分間の奇跡」と

miracle." //
呼んだ //

⑥ One feature of the Tessei's performance / is their speed. // ⑦ Japanese railways
テッセイのパフォーマンスの1つの特徴は / そのスピードだ // 日本の鉄道には

have a good reputation / around the world / because they are very punctual. //
よい評判がある / 世界中で / それらが時間にきわめて正確なので //

⑧ The Tessei's speedy work contributes / to this reputation. //
テッセイの迅速な仕事は貢献している / この評判に //

⑨ Another feature is the skill of the Tessei. // ⑩ Some people find it boring /
もう1つの特徴はテッセイの技術だ // 退屈だと思う人もいる /

to clean, / but it is exciting / to see the Tessei's amazing performance. // ⑪ People
掃除をすることは/ しかしわくわくする /テッセイのすばらしいパフォーマンスを見ることは// 人々は

call it the "Shinkansen Theater," / as it is performed / in the cars and on the platforms. //
それを「新幹線劇場」と呼ぶ / それは行われるので / 車両の中やプラットホームの上で //

単語・熟語チェック

□ **in a team of ~**	熟 ~(人)のチームで	□ **speed**	名 スピード, 速さ
□ **speedy**	形 迅速な	□ **railway**	名 鉄道
□ **performance**		□ **reputation**	名 評判
	名 仕事ぶり, パフォーマンス	□ **punctual**	形 時間に正確な
□ **observe**	動 ~を観察する	□ **contribute**	動 貢献する
□ **world-famous**	形 世界的に有名な	□ **contribute to ~**	熟 ~に貢献する
□ **channel**	名 チャンネル	□ **boring**	形 退屈な
□ **once**	副 かつて		

Check Up! ヒント

1. How many Shinkansen trains do the Tessei members clean a day?
（テッセイのメンバーは1日に何本の新幹線を清掃しますか。） →本文②

2. Why do Japanese railways have a good reputation around the world?
（世界中で日本の鉄道によい評判があるのはなぜですか。） →本文⑦

3. What do people call the Tessei's performance?
（人々はテッセイのパフォーマンスを何と呼びますか。）　→本文⑪

[🔊] Sum Up! ヒント

テッセイの 22 人の（　　）は 1 日に約 20 本の新幹線を清掃する。世界中の多くの訪問者
が彼らの（　　）を観察しにやって来る。テッセイのパフォーマンスの 1 つの特徴はその
（　　）だ。もう 1 つの特徴はその（　　）だ。テッセイの（　　）パフォーマンスから，人々
はそれを「新幹線劇場」と呼ぶ。

🔑 読解のカギ

② **They clean about 20 Shinkansen trains a day in a team of 22.**
　➡〈a＋単位を表す語〉は「～につき」という意味。a day で「1 日につき」という意味。
　➡ in a team of ～は「～（人）のチームで」という意味。

⑨ **Another feature is the skill of the Tessei.**
　➡ Another feature は「もう 1 つの特徴」という意味。⑥の One feature「1 つの特徴」
　　と対になっている。

⑩ **Some people find it boring to clean, but it is exciting to see the Tessei's amazing
　performance.**　　　find ＋ it ＋形容詞＋ to 不定詞
　➡ to clean は「掃除をすること」という意味を表す名詞的用法の不定詞。不定詞が〈S＋
　　V＋O＋C〉の文の目的語になる場合は，形式目的語の it を目的語の位置に置き，真
　　の目的語である不定詞を補語(C)の後ろに置く。〈find＋it＋形容詞＋to 不定詞〉で「～
　　することを…だと思う[わかる]」という意味。　　　　　　文法詳細 p.39 ▶
　➡ to see は「～を見ること」という意味を表す名詞的用法の不定詞。the Tessei's
　　amazing performance を伴って文の主語になっている。長い不定詞が主語になる場
　　合は，形式的に it を主語の位置に置き，真の主語である不定詞を後ろに置く。〈it is
　　... to 不定詞〉で「～することは…である」という意味。

　🔑 Q1. 並べかえなさい。
　彼はゴルフをするのは難しいと思った。(it / to / he / difficult / golf / found / play).
　_____.

⑪ **People call it the "Shinkansen Theater," as it is performed in the cars and on the
　platforms.**　 O　　　　　　C
　➡〈call＋O＋C〉は「O を C と呼ぶ」という意味。
　➡ 2 つの it は⑩の the Tessei's amazing performance を指す。
　➡ as は「～するので」という〈理由〉の意味を表す接続詞。後ろに〈S'＋V'〉の文が続く。

🔑 読解のカギ Q の解答　**Q1.** He found it difficult to play golf(.)

PART ③

┌───┐
ポイント　　テッセイが成功した一つの理由は何でしょうか。

① The Tessei's performance has impressed / many people around the world. //
　テッセイのパフォーマンスは感銘を与えてきた　/　　　世界中の多くの人々に　　　//

② In fact, / some are thinking of introducing / the same system / into their own
　実際　/　　導入しようと考えている人もいる　/　　同じシステムを　/　　自分の国に

countries. // ③ However, / this is often difficult to do. // ④ Why are the Tessei so
　　　//　しかし　/　しばしばこれは実行するのが難しい //　なぜテッセイがこのように

successful / in Japan? //
成功しているのだろうか / 日本では　//

　　⑤ One reason / may be related / to the unique Japanese culture of cleaning. //
　　一つの理由は　/　関係しているかもしれない　/　　　日本特有の清掃文化と　　　//

⑥ In Japan, / many people think / cleaning is important. // ⑦ For example, /
　日本では　/　多くの人が考えている　/　清掃は大切であると　　//　　たとえば　/

students in many schools / clean / their classrooms and / other places they use. //
　多くの学校の生徒は　/　掃除する/　自分たちの教室や　/　自分たちが使う他の場所を //

⑧ After concerts or soccer games, / people often / take their garbage back home
　コンサートやサッカーの試合のあと　/　人々はよく　/　　　　ごみを持ち帰る

with them. // ⑨ They think / it natural / that they clean the places around them. //
　//　彼らは考えている /　当然だと　/　　自分たちの周りの場所を掃除することは　　//

⑩ This culture may help / the Tessei / with their excellent work. //
この文化が助けているかもしれない / テッセイの / 　優れた仕事を　//
└───┘

単語・熟語チェック

☐ **success** 　　　名 成功　　　　　│ ☐ **help A with B** 　熟 A の B を助ける
☐ **related** 　　　形 関係のある　　│ ☐ **excellent** 　　　形 優れた
☐ **be related to ～** 熟 ～と関係がある│

✓ Check Up! ヒント

1. How has the Tessei's performance impressed many people around the world?
　（テッセイのパフォーマンスは世界中の多くの人々にどのように感銘を与えてきましたか。）
　→本文②

2. What is one reason for the Tessei's success?
　（テッセイの成功の一つの理由は何ですか。）　→本文⑤

3. What do Japanese people often do after concerts or soccer games?
　（日本人はコンサートやサッカーの試合のあとにしばしば何をしますか。）　→本文⑧

Sum Up! ヒント

テッセイのパフォーマンスは世界中の多くの人々に感銘を与えてきた。このシステムを自
国に（　　　）したいと思っている人もいるが，それは（　　　）場合が多い。テッセイが日本で

これほど（　　）しているのはなぜか。その一つの理由は，日本の（　　）な（　　）の文化と関係があるかもしれない。

🎵 **読解のカギ**

③ **However, this is often difficult to do.**
　不定詞の意味上の目的語　　　　　　不定詞［副詞的用法］

➡ to do は形容詞の difficult を修飾して，「～するのが難しい」という意味を表す副詞的用法の不定詞。this は to do の意味上の目的語で「(しばしば)これを実行することは難しい[これは実行するのが難しい]」という意味。

⑤ **One reason may be related to the unique Japanese culture of cleaning.**
➡ be related to ～は「～と関係がある」という意味。

🎵 **Q1.** ＿＿＿ を埋めなさい。
私の質問はブラウン先生の講義と関係がある。
My question is ＿＿＿＿＿ ＿＿＿＿＿ Mr. Brown's lecture.

which[that] の省略
⑦ **... in many schools clean their classrooms and other places [they use].**
　　　　　　　　　　　　　　　　　　　先行詞

➡ other places they use は，other places を they use が後ろから説明している。目的格の関係代名詞 which[that]が省略されている。

it［形式目的語］　　　that 節［真の目的語］
⑨ **They think it natural that they clean the places around them.**
　　think ＋ it ＋形容詞＋ that ＋ S' ＋ V'

➡ think it natural は〈SVOC〉の文型で「O を C であると思う」という意味。it は形式目的語で真の目的語である that 節が後ろに置かれている。〈think ＋ it ＋形容詞＋ that ＋ S'＋ V'〉で「S'が V'することを…だと考える」という意味。　文法詳細 p.39

➡ They, they, them は ⑥ の many people, ⑦ の students (in many schools), ⑧ の people を受けて「日本人全般」を指す。

🎵 **Q2.** 日本語にしなさい。
My father thinks it necessary that I speak English.
（　　　　　　　　　　　　　　　　　　　　　　　　）

⑩ **This culture may help the Tessei with their excellent work.**
➡ help A with B は「A の B を助ける」という意味。

🎵 **Q3.** 並べかえなさい。
私の宿題を助けてもらえますか。(homework / help / can / my / with / you / me)?
＿＿＿＿＿＿＿＿＿＿＿＿＿＿＿＿＿＿＿＿＿＿＿＿＿＿ ?

🎵 読解のカギ Q の解答　**Q1.** related to　　**Q2.** 父は私が英語を話すのは必要なことだと思っている。
Q3. Can you help me with my homework(?)

PART ④

ポイント テッセイが成功したもう一つの理由は何でしょうか。

① Another reason / for their success / is the staff's pride / in their work. //
もう一つの理由は / 彼らの成功の / スタッフの誇りだ / 仕事に対する //

② At first, / Tessei members thought / that cleaning was only a job. // ③ Now, /
当初 / テッセイのメンバーたちは考えていた / 清掃は単なる仕事だと // 今では /

cleaning means much more / to them. // ④ They / want passengers to feel more
清掃ははるかに多くのことを意味している / 彼らにとって // 彼らは / 乗客にもっと快適に感じてほしい

comfortable. // ⑤ They make every effort / to improve their work / for passengers. //
と思っている // 彼らはあらゆる努力をする / 自分たちの仕事を向上させる / 乗客のために //

⑥ For example, / standing in line / and bowing deeply / was their own idea. //
たとえば / 一列に並んて / 深々とおじぎをするのは / 彼ら自身のアイディアだった //

⑦ The baby care room / at Tokyo Station / was also set up / because of their
ベビー休憩室は / 東京駅の / また設けられた / 彼らの提案によって

suggestion. //
//

⑧ In short, / the Tessei's job is / to clean Shinkansen trains, / but now / it is
要するに / テッセイの仕事は / 新幹線の車両を清掃することだ / しかし今では /

more than just that. // ⑨ It is a world-famous performance. // ⑩ The Tessei have
それは単なるそれ以上のものだ // それは世界的に有名なパフォーマンスだ // テッセイは私たちに

shown us that, / with small ideas and a lot of efforts, / miracles can happen. //
~ということを示した / ちょっとしたアイディアと大いなる努力があれば / 奇跡は起こり得る //

⑪ When you start working / in the future, / will you work / with pride / to
あなたたちが働き始めるとき / 将来 / 働くだろうか / 誇りを持って /

make a better society? // ⑫ What kinds of miracles / will you perform? //
よりよい社会を作るために // どのような奇跡を / あなたたちは成し遂げるだろうか //

単語・熟語チェック

□ **pride** 名 誇り
□ **comfortable** 形 快適な
□ **effort** 名 努力
□ **make an effort to** *do* 熟 ~する努力をする
□ **improve** 動 ~を向上させる
□ **set up ~** 熟 ~を設ける
□ **suggestion** 名 提案
□ **in short** 熟 要するに

Check Up! ヒント

1. What is another reason for the Tessei's success?
（テッセイの成功のもう一つの理由は何ですか。）　→本文①

2. How do the staff members want passengers to feel?
（スタッフたちは乗客にどう感じてほしいのですか。）　→本文④

3. Whose idea was "standing in line and bowing deeply"?
（「一列に並んで深々とおじぎをする」というのは誰のアイディアでしたか。）　→本文⑥

⒝ Sum Up! ヒント

もう一つの理由はスタッフの仕事に対する(　　)だ。彼らは人々にもっと(　　)感じてほしいので，乗客のために彼らの仕事を(　　)のに全力を尽くす。たとえば，一列に並んで(　　)のは，彼ら自身のアイディアだった。テッセイの奇跡はちょっとしたアイディアと大いなる(　　)の結果だ。

🎼 読解のカギ

① **Another reason for their success is the staff's pride in their work.**

➡ Another reason は「もう一つの理由」という意味。Part 3 の⑤の One reason「一つの理由」と対になっている。

③ **Now, cleaning means <u>much more</u> to them.**

➡ much は比較級の more を「さらに，ずっと」という意味で強調している。

④ **They <u>want</u> <u>passengers</u> <u>to feel</u> more comfortable.**
　　　want　　　　O　　　　to 不定詞

➡ 〈want＋O＋to 不定詞〉で「Oに〜してほしい」という意味を表す。　　文法詳細 p.40

🎼 Q1. 並べかえなさい。

あなたは私に一緒に行ってほしいですか。

(go / do / me / with / you / you / want / to)?

_____ ?

⑤ **They make every effort to improve their work for passengers.**

➡ make an effort to *do* は「〜する努力をする」という意味。

🎼 Q2. ＿＿＿＿ を埋めなさい。

私はテストに受かるように努力します。

I'll _____ an _____ _____ pass the test.

⑦ **The baby care room at Tokyo Station was also <u>set up</u> because of ....**
　　　　　　　　　　　　　　　　　be 動詞　　過去分詞

➡ was (also) set up は，〈be 動詞＋過去分詞〉の形の受動態の文。set up 〜は「〜を設ける」という意味。

➡ because of 〜は「〜によって，〜のために」という原因・理由を表す。

⑧ **In short, the Tessei's job is to clean Shinkansen trains, but now it is more than just that.**

➡ in short は「要するに」という意味。

➡ it is more than just that の that は，直前の to clean Shinkansen trains を指す。

🎼 読解のカギ Q の解答　**Q1.** Do you want me to go with you(?)　　**Q2.** make, effort to

📖 Grammar

G-1 分詞の形容詞的用法

▶分詞の形容詞的用法とは

現在分詞や過去分詞が形容詞のように名詞を修飾することがあり，これを分詞の形容詞的
用法という。分詞がほかの語句を伴うときは，名詞を後ろから修飾する。これを分詞の後
置修飾という。これに対し，分詞1語のときは，名詞を前から修飾する。これを分詞の前
置修飾という。現在分詞は「…している」という能動の意味を表し，過去分詞は「…され
る［された］」という受動の意味を表す。

現在分詞＋ほかの語句

Do you know *the girl* talking to Sally?　（サリーと話している少女を知っていますか。）

➡ 現在分詞がほかの語句を伴って *A*［名詞］を後ろから修飾し，「…している *A*」という
　意味を表す。
➡ 名詞と現在分詞句の間には，「*A* が…している」という能動の関係が成り立つ。

現在分詞1語

Look at the sleeping cat.　（その眠っているネコを見てごらん。）

➡ 現在分詞が *A*［名詞］を前から修飾し，「…している *A*」という意味を表す。
➡ 名詞と現在分詞の間には，「*A* が…している」という能動の関係が成り立つ。

過去分詞＋ほかの語句

They have *a son* named Chris.　（彼らにはクリスと名付けられた息子がいる。）

➡ 過去分詞がほかの語句を伴って *A*［名詞］を後ろから修飾し，「…される［された］*A*」
　という意味を表す。
➡ 名詞と過去分詞句の間には，「*A* が…される［された］」という受動の関係が成り立つ。

過去分詞1語

This is a broken watch.　（これは壊れた腕時計だ。）

➡ 過去分詞が *A*［名詞］を前から修飾し，「…される［された］*A*」という意味を表す。
➡ 名詞と過去分詞の間には，「*A* が…される［された］」という受動の関係が成り立つ。

G-2 **G-3** 形式目的語の it

▶形式目的語とは

〈S＋V＋O＋C〉の文で，名詞的用法の不定詞や that 節が目的語になる場合は，目的語(O)の位置に it を置き，真の目的語である不定詞や that 節を補語(C)の後ろに置く。この it を形式目的語という。

動詞＋it＋形容詞＋to不定詞

I found to book a hotel online easy.　※この形はほとんど使われない。
S　V　　　　　　O　　　　　C

→ I found it easy to book a hotel online.
　　　　　目的語の位置に it を置く　　　　不定詞を後ろに置く
　（私はインターネットでホテルを予約することが簡単だとわかった。）

➡ 〈find＋it＋形容詞＋to 不定詞〉で「～することを…だとわかる」という意味を表す。

➡ 〈S＋V＋O＋C〉の文の O に形式目的語の it がくる。

➡ 真の目的語である不定詞は補語の後ろに置く。

➡ find 以外の動詞では〈think＋it＋形容詞＋to 不定詞〉で「～することを…だと考える」，〈believe＋it＋形容詞＋to 不定詞〉で「～することを…だと信じる」という意味をそれぞれ表す。

動詞＋it＋形容詞＋that＋S'＋V'

　　　　　　　　〈that＋S'＋V'〉
I think that we will win the game possible.　※この形はほとんど使われない。
S　V　　　　　　O　　　　　　　C

→ I think it possible that we will win the game.
　　　　　目的語の位置に it を置く　　　　that 節を後ろに置く
　（私たちがその試合に勝つことは可能だと思う。）

➡ 〈think＋it＋形容詞＋that＋S'＋V'〉で「S'が V'することを…だと考える」という意味を表す。

➡ 〈S＋V＋O＋C〉の文の O に形式目的語の it がくる。

➡ 真の目的語である that 節は補語の後ろに置く。

➡ think 以外の動詞では〈find＋it＋形容詞＋that＋S'＋V'〉で「S'が V'することを…だとわかる」，〈believe＋it＋形容詞＋that＋S'＋V'〉で「S'が V'することを…だと信じる」，〈make＋it＋形容詞＋that＋S'＋V'〉で「S'が V'することを…にする」という意味をそれぞれ表す。

G-4 S+V+O+to不定詞

▶〈want＋O＋to 不定詞〉で「O に〜してほしい」という意味を表す。ほかにも同様に，〈S ＋V＋O〉のあとに to 不定詞を続けて，〈S＋V＋O＋to 不定詞〉の形で用いる動詞がある。 この形の文では，to 不定詞が表す動作を行うのは主語(S)ではなく，目的語(O)である ことに注意。この形をとる動詞には tell, allow, ask, enable などがある。

〈want＋O＋to不定詞〉

I want you to come to tomorrow's party.　（私はあなたに明日のパーティーに来てほしい。）
S　V　　O　　to 不定詞

➡〈want＋O＋to 不定詞〉で「O に〜してほしい」という意味。
➡「パーティーに来る」という動作を行うのは主語 I ではなく，目的語 you である。

〈tell＋O＋to不定詞〉

He told me to save a seat for him.　（彼は私に彼の席を取っておくように言った。）
S　V　O　　to 不定詞

➡〈tell＋O＋to 不定詞〉で「O に〜するように言う」という意味。
➡「彼の席を取っておく」という動作を行うのは主語 He ではなく，目的語 me である。

〈allow＋O＋to不定詞〉

My parents won't allow me to study abroad.　（両親は私が留学するのを許さないだろう。）
　　S　　　　V　　　O　　to 不定詞

➡〈allow＋O＋to 不定詞〉で「O が〜することを許す」という意味。
➡「留学する」という動作を行うのは主語 My parents ではなく，目的語 me である。

〈ask＋O＋to不定詞〉

She asked him to check her homework.　（彼女は彼に彼女の宿題を確認するように頼んだ。）
S　V　　O　　　　to 不定詞

➡〈ask＋O＋to 不定詞〉で「O に〜するように頼む」という意味。
➡「(彼女の)宿題を確認する」という動作を行うのは主語 She ではなく，目的語 him である。

〈enable＋O＋to不定詞〉

The money enabled them to buy the car.　（そのお金は彼らがその車を買うことを可能にした。）
　　S　　　　V　　　O　　to 不定詞

➡〈enable＋O＋to 不定詞〉で「O が〜することを可能にする」という意味。
➡「その車を買う」という動作を行うのは主語 The money ではなく，目的語 them である。

🖊 Finish Up! ❗ヒント

1. 「ごみを（　　）」動詞が入る。（教 p.46, ℓℓ.9 ～ 10)
2. 「座席の向きを（　　）」動詞が入る。（教 p.46, ℓ.11)
3. 「テーブルを（　　）」動詞が入る。（教 p.46, ℓ.12)
4. 「カーテンを（　　）」動詞が入る。（教 p.46, ℓ.14)
5. 「床を（　　）」動詞が入る。（教 p.46, ℓ.15)
6. 「各座席が安全に固定されているかを（　　）」動詞が入る。（教 p.46, ℓ.17)
7. 「『東京の 7 分間の（　　）』」名詞が入る。（教 p.48, ℓℓ.5 ～ 7)
8. 「『新幹線（　　）』」名詞が入る。（教 p.48, ℓℓ.15 ～ 17)
9. 「日本の清掃の（　　）」名詞が入る。（教 p.50, ℓℓ.6 ～ 7)
10. 「スタッフの仕事への（　　）」名詞が入る。（教 p.52, ℓℓ.1 ～ 2)

🔛 OUTPUT ❗ヒント

Listen
Daisuke
Reasons:・「日本の（　　）はとても（　　）で, 大いにおもてなしをする。」
　　　　・「私たちは気が付かないうちによく（　　）が, それは私たちがどれほど（　　）
　　　　　を表している。」

Risa
Reasons:・「日本では人々は夜でも本当に（　　）に（　　）を（　　）回ることができる。」
　　　　・「私たちは日本では（　　）を（　　）ことができない。」

Write & Speak
例 I think we can be proud of Japan's vending machines. I have two reasons. First, there are many vending machines set up outdoors. That is because Japan is a safe country. Second, we can buy both hot and cold drinks from the same vending machine in Japan. That is possible thanks to the wonderful technologies Japan has. Therefore, vending machines show good points about Japan.

Interact
例
Reasons:
・There are many vending machines set up outdoors because Japan is a safe country.
・We can buy both hot and cold drinks from the same vending machine because Japan has wonderful technologies.
Questions:
What do you usually buy from vending machines?

📋 定期テスト予想問題　　　解答 ➡ p.168

1 日本語に合うように, ＿＿に適切な語を入れなさい。

(1) ケーキを一切れいただけますか。
Could I have ＿＿＿＿＿＿ ＿＿＿＿＿＿ ＿＿＿＿＿ cake?

(2) 父は車の向きを変えた。
My father ＿＿＿＿＿＿ his car ＿＿＿＿＿＿.

(3) 要するに, この部屋にはたくさんの種類の本がある。
＿＿＿＿＿＿ ＿＿＿＿＿＿, there are many kinds of books in this room.

(4) 彼のけがはその事故と関係がある。
His injury is ＿＿＿＿＿＿ ＿＿＿＿＿＿ the accident.

(5) 私たちは事務所に図書室を設けた。
We ＿＿＿＿＿＿ ＿＿＿＿＿＿ a library at our office.

2 ( )内の語句のうち, 適切なものを選びなさい。

(1) The volunteer members work (in, to, at) a team of five.

(2) John helped Miki (of, to, with) her English letter.

(3) Do you know the boys (play, playing, who plays) soccer over there?

(4) They live in a house (to build, building, built) in 1900.

3 日本語に合うように, ( )内の語を並べかえなさい。

(1) 私に折り返し電話するように彼に頼んでもらえますか。
(call / me / you / to / ask / can / him) back?
＿＿＿＿＿＿＿＿＿＿＿＿＿＿＿＿＿＿＿＿＿＿＿ back?

(2) 彼女は動物の世話をすることがおもしろいと考えている。
(thinks / to / animals / care / she / it / take / interesting / of).
＿＿＿＿＿＿＿＿＿＿＿＿＿＿＿＿＿＿＿＿＿＿＿.

(3) 私は兄が怒ることは当然だとわかった。
(got / found / brother / angry / natural / my / it / I / that).
＿＿＿＿＿＿＿＿＿＿＿＿＿＿＿＿＿＿＿＿＿＿＿.

4 次の英語を日本語にしなさい。

(1) The woman speaking to Mr. Green is my mother.
（　　　　　　　　　　　　　　　　　　　　　　　）

(2) My teacher told me to study hard.
（　　　　　　　　　　　　　　　　　　　　　　　）

(3) She made it clear that he knew the truth.
（　　　　　　　　　　　　　　　　　　　　　　　）

5 次の英文を読んで，あとの問いに答えなさい。

　Before the Shinkansen train arrives at Tokyo Station, ①(appear / staff / uniforms / members / wearing). They ②stand (　　)(　　) on the platform with cleaning tools. They bow deeply to the passengers. ③As soon as the last passenger gets off the train, they go into each car and begin cleaning.

(1) 下線部①が「制服を着たスタッフたちが現れる」という意味になるように，（　）内の語を並べかえなさい。

_____

(2) 下線部②が「一列に並ぶ」という意味になるように，（　）に適切な語を入れなさい。　　　　　　　　　stand _____ _____

(3) 下線部③の英語を日本語に訳しなさい。
（　　　　　　　　　　　　　　　　　　　　　　　　　）

(4) 次の質問に英語で答えなさい。
What do the staff members do to the passengers before they start cleaning?

_____

6 次の英文を読んで，あとの問いに答えなさい。

　One feature of the Tessei's performance is their speed. Japanese railways have a good reputation around the world because they are very punctual. The Tessei's speedy work contributes to ①this reputation.

　Another feature is the skill of the Tessei. ②(clean / some / it / find / boring / people / to), but ③it is exciting to see the Tessei's amazing performance. People call it the "Shinkansen Theater," as it is performed in the cars and on the platforms.

(1) 下線部①が表す内容を日本語で書きなさい。
（　　　　　　　　　　　　　　　　　　　　　　　　　）

(2) 下線部②が「掃除をすることは退屈だと思う人もいる」という意味になるように，（　）内の語を並べかえなさい。

_____

(3) 下線部③の英語を日本語に訳しなさい。
（　　　　　　　　　　　　　　　　　　　　　　　　　）

(4) テッセイのパフォーマンスの特徴は何ですか。日本語で2つ書きなさい。
　・（　　　　　　　　　　　　　）　・（　　　　　　　　　　　　　）

(5) 次の質問に英語で答えなさい。
Why do people call the Tessei's performance the "Shinkansen Theater"?

_____

Lesson 4 Seeds for the Future

小林　宙 『タネの未来　僕が 15 歳でタネの会社を起業したわけ』（家の光協会, 2019）

PART ①

ポイント　私たちにとってタネとはどのようなものでしょうか。

① What comes to your mind / when you hear the word "seeds"? // ② Plants? //
あなたには何が思い浮かぶか　/　「タネ」という言葉を聞いたら　//　植物　//

③ Growth? // ④ Life? // ⑤ Whatever your answer is, / you will probably think /
成長　//　生命　//　あなたの答えが何であれ　/　おそらくあなたは思うだろう /

that seeds are something important. // ⑥ That is because / all crops like rice,
タネが大事なものだと　　　//　それは～だからだ　/　米, 野菜, 果物などの

vegetables, and fruits / are grown from seeds. // ⑦ Domestic animals also need /
農作物は全部　　　/　タネから育てられる　//　　家畜も必要である　/

to eat a lot of crops. // ⑧ If seeds are lost, / we will not be able to eat crops or
たくさんの農作物を食べることが //もしタネが失われたら/私たちは農作物も肉も食べることができなく

meat, / and we cannot survive. //
なるだろう / そして生きていくことができない //

⑨ Imagine / what would happen / if one individual or one company / owned all
想像してみて / どんなことが起こるか / もしある個人やある会社が / すべてのタネを

the seeds / in the world. // ⑩ People would fight / for the seeds, / and conflicts
独り占めするとしたら / 世界中の// 人々は争うことになるだろう / タネを求めて/ そして衝突が

might occur. // ⑪ Then, / we might suddenly not be able to eat / the foods / we
生じるかもしれない // そうなると / 私たちは突然食べることができなくなるかもしれない/ 食べ物を /

eat every day. // ⑫ Seeds are much more important / than we think. //
私たちが毎日食べている　//　タネはずっと大切なものだ　/ 私たちが思っているよりも //

単語・熟語チェック

□ **seed**	名 タネ	□ **own**	動 ～を所有する
□ **growth**	名 成長	□ **fight**	動 争う
□ **crop**	名 農作物	□ **conflict**	名 衝突
□ **vegetable**	名 野菜	□ **occur**	動 生じる
□ **domestic**	形 人に飼育されている, 家庭の	□ **much ＋ 比較級**	
□ **individual**	名 個人		熟 （比較級を強調して）ずっと

✓ Check Up! ヒント

1. What will people think when they hear the word "seeds"?
（「タネ」という言葉を聞いたら, 人々は何を思うでしょうか。）　→本文⑤

2. What are all crops like rice, vegetables, and fruits grown from?
（米, 野菜, 果物などの農作物は全部何から育てられますか。）　→本文⑥

3. If one individual or one company owned all the seeds in the world, what would happen?
（もしある個人やある会社が世界中のすべてのタネを独り占めするとしたら，どんなことが起こるでしょうか。）　→本文⑩

Sum Up! ヒント

私たちは（　　）が大事なものだと思う。それは農作物が全部タネから（　　），家畜もまたたくさんの（　　）を食べるからだ。もしある個人やある会社が世界中のすべてのタネを（　　）としたら，人々はタネを求めて争うことになり，（　　）が起こるかもしれない。

読解のカギ

⑤ **Whatever your answer is, you will probably think that seeds are ….**
〈whatever ＋ S ＋ V〉（複合関係代名詞）
➡ 〈whatever＋S＋V〉で「何を S が V しても」という意味。このように関係代名詞の語尾に -ever を付けたものを複合関係代名詞という。　文法詳細 p.52

Q1. 日本語にしなさい。
Whatever he says, I'll believe him.
（　　　　　　　　　　　　　　　　　　　　　　　　　　）

⑥ **That is because all crops like rice, vegetables, and fruits are grown ….**
➡ That is because ～は「それは～だからだ」と理由を述べる表現。

⑧ **If seeds are lost, we will not be able to eat crops or meat, ….**
　　　　　　　　　　　　　　　　　　　　　　A　　　B
➡ not ～ A or B は「A も B も～ない」と両方を否定する表現。

⑨ **Imagine what would happen if one individual or one company owned ….**
V　　O（間接疑問文）（仮定法過去）
➡ what 以下は Imagine の目的語となる間接疑問文で，〈S＋助動詞の過去形＋動詞の原形＋if＋S'＋動詞の過去形〉の形の仮定法過去となっている。

⑩ **People would fight for the seeds, and conflicts might occur.**
（仮定法過去）　　　　　　　　　　　　（仮定法過去）
➡ この文は，⑨の what 以下の質問に対する答え。if 以下が省略されている。

⑫ **Seeds are much more important than we think.**
➡ 〈much＋比較級〉で「（比較級を強調して）ずっと」という意味を表す。

Q2. 並べかえなさい。
今日は昨日よりずっと暑い。Today (much / yesterday / hotter / is / than).
Today ＿＿＿＿＿＿＿＿＿＿＿＿＿＿＿＿＿＿＿＿＿＿．

読解のカギ Q の解答　**Q1.** 彼が何を言っても，私は彼を信じる。
　　Q2. is much hotter than yesterday

PART ❷

ポイント なぜ宙はタネのビジネスを始めたのでしょうか。

① "May I sell these seeds / in Tokyo?" // ② Kobayashi Sora is asking / a seed
「これらのタネを販売してもいいですか / 東京で」// 小林宙が尋ねている / タネの

shop owner / in the countryside. // ③ Sora is a high school student / who runs a
販売店の店主に / 田舎の // 宙は高校生だ / タネの

seed business / in Tokyo. // ④ When he was in junior high school, / he worried /
ビジネスを営む / 東京で // 中学時代に / 彼は気になった /

that many of the seeds of traditional Japanese vegetables / were disappearing. //
日本の伝統野菜のタネの多くが / なくなりつつあることが //

⑤ That was why / he decided to collect and sell / those seeds around Japan / to
そのため / 彼は集めて売ることを決心した / 日本各地のそれらのタネを /

protect them. //
それらを守るために //

⑥ It is not easy / for a high school student / without much money / to keep his
容易なことではない / 高校生が / 大してお金のない / ビジネスを

business running. // ⑦ Sora manages to / pay for seeds and transportation costs /
続けていくことは // 宙はなんとか～している / タネ代と交通費を支払うことを /

by selling organic vegetables / that he grows. // ⑧ Although he faces a lot of
有機野菜を売ることによって / 自分が栽培する // 彼は多くの困難に直面

difficulties, / he enjoys his business / because / he can / discover new things and
しながらも / 彼はビジネスを楽しんでいる / なぜなら / 彼はできるから / 新たな発見をして多くの

meet many people / in various regions. //
人に出会うことが / さまざまな地域で //

☑ 単語・熟語チェック

☐ **countryside**	名 田舎	☐ **pay for** *A*	熟 *A* の代金を支払う
☐ **disappear**	動 なくなる，消滅する	☐ **transportation**	名 交通手段，輸送
☐ **protect**	動 ～を守る[保護する]	☐ **organic**	形 有機栽培の，有機の
☐ **manage**	動 ～をなんとかやり遂げる	☐ **region**	名 地域
☐ **manage to** *do*	熟 なんとか～する		

✓ Check Up! ヒント

1. What did Sora worry about when he was in junior high school?
（宙は，中学生の時，何が気になりましたか。）　→本文④

2. What does Sora do to protect the traditional vegetables?
（宙は，伝統野菜を守るために何をしていますか。）　→本文⑤

3. Why does Sora enjoy his business?
（なぜ宙は自分のビジネスを楽しんでいますか。）　→本文⑧

Sum Up! ヒント

宙は，私たちが（　　）日本の野菜のタネの多くを失いつつあることを（　　）。そういう（　　）で，彼はタネのビジネスを始めた。彼は伝統野菜を（　　）ために，日本中のタネを集めて売っている。彼は多くの（　　）に直面しているが，ビジネスを楽しんでいる。

読解のカギ

先行詞　　　　　関係代名詞（主格）

③ **Sora is a high school student** [**who runs a seed business in Tokyo**].

➡ who は主格の関係代名詞で，who 以下が a high school student を修飾している。

the reason が省略

⑤ **That was why he decided** <u>to collect and sell</u> **those seeds around Japan to protect them.** 名詞的用法（〜すること）
副詞的用法（〜するために）

➡ That was why 〜 . は，「そういうわけで〜」という意味を表す。関係副詞 why の先行詞 the reason が省略されている。

➡ to collect and sell は名詞的用法の不定詞で，decided の目的語になっている。

➡ to protect は目的を表す副詞的用法の不定詞。

⑥ **It is not easy for a high school student … to keep his business running.**
形式主語　　　意味上の主語　　　　　　　　真主語　keep ＋ O ＋現在分詞

➡ 〈It is ... for A ＋ to 不定詞〉で，「A が〜することは…である」という意味を表す。It は形式主語で不定詞の to keep 以下が真主語。

➡ 〈keep ＋ O ＋現在分詞〉は，「O を〜している状態にしておく」という意味を表す。

文法詳細 p.53

➡ run はここでは「(物事が)動き続ける，順調に進む」という意味。

Q1. 並べかえなさい。

彼女は昨日子どもたちをずっと家で遊ばせた。

(playing / she / kept / home / her children / at) yesterday.

_____ yesterday.

⑦ **Sora manages to pay for seeds and transportation costs by selling organic vegetables** [**that he grows**].
先行詞　　　　　　関係代名詞（目的格）

➡ manage to do で「なんとか〜する」という意味を表す。

➡ pay for A で「A の代金を支払う」という意味を表す。

➡ that は目的格の関係代名詞で，that 以下が organic vegetables を修飾している。

Q2. ＿＿＿ を埋めなさい。

彼はなんとかその新しい車の代金を支払った。

He _____ _____ pay for the new car.

PART ❸

ポイント　宙は次の世代のために何をしたいのでしょうか。

① Sora was a boy / who liked collecting seeds / in yards and parks. // ② At
　　　宙は少年だった　/　　タネを集めるのが好きな　/　　　庭や公園で　　//　初めの

first, / he was satisfied with / just collecting the seeds / he wanted. // ③ When he
うちは /　　彼は満足していた　/　　ただタネを集めるだけで　/　彼が欲しいと思った //　　　彼が

was a junior high school student, / he started to think / that just collecting seeds /
中学生だった時　　　　　　　　　/　彼は考えるようになった　/　　ただタネを集めるだけでは　/

was not enough. // ④ Sora learned / that most seeds of traditional vegetables /
十分ではないと　//　　　宙は知った　/　　　　ほとんどの伝統野菜のタネは　　　　/

had been preserved / through the generations / thanks to the efforts of individual
　守られてきたと　/　　何世代にもわたって　/　　個々の農家の人たちの努力のおかげで

farmers. // ⑤ If they stop preserving the seeds, / these vegetables will be lost. //
農家 //　　もし彼らがタネを守ることをやめたら　/　こうした野菜は失われてしまうだろう //

　⑥ Sora says, / "If the seeds become available / on the market throughout the
　宙は言う　/　「もしタネが手に入るようになったら　/　　　　　　全国の市場で

country, / more people will want to use them. // ⑦ As a result, / it will be possible /
　/　それらを使いたいと思う人が増えるだろう //　　その結果　/　可能になるだろう　/

to protect traditional vegetables / and hand them down / to the next generation. //
　伝統野菜を守ることが　　/　そしてそれらを残すことが/　　次の世代に　　//

⑧ Since there was no system / to distribute the seeds, / I wanted to create one /
　仕組みが何もなかったので　/　タネを流通させるための　/　僕がそれを作りたいと考えた /

myself." //
自分で」 //

✓ 単語・熟語チェック

☐ **yard**　　　　名 庭
☐ **satisfied**　　形 (人が)満足している
☐ **be satisfied with ～**　熟 ～に満足する
☐ **preserve**　　動 ～を守る[保存する]
☐ **farmer**　　　名 農家

☐ **available**　　形 入手できる
☐ **hand A down to B**
　　　　　　　　　熟 A を B に伝える[残す]
☐ **distribute**　　動 ～を流通させる
☐ **create**　　　　動 ～を作る

✓ Check Up! ヒント

1. What did Sora start to think when he was a junior high school student?
　（中学生の時，宙は何を考えるようになりましたか。）　→本文③

2. What will happen if individual farmers stop preserving the seeds of traditional vegetables?
　（もし個々の農家の人たちが伝統野菜のタネを守るのをやめてしまったら，何が起こるでしょうか。）
　→本文⑤

3. What did Sora want to create himself?
　（宙は何を自分で作りたかったのですか。）　→本文⑧

📕 Sum Up! ヒント

伝統野菜のタネのほとんどは，（　　）農家の人によって守られてきた。もし彼らがそのタネを（　　）をやめてしまったら，こういった野菜はなくなってしまうだろう。宙は「もしこれらのタネが全国の市場で（　　）ようになれば，そのタネを使いたいと思う人が増えるでしょう。このようにして，僕たちは野菜を（　　），そしてそれらを次の（　　）に残すことができるのです。」と言う。

🎵 読解のカギ

which[that] の省略

② **At first, he was satisfied with just collecting the seeds [he wanted].**

➡ be satisfied with ～で「～に満足する」という意味。 just 以下が前置詞 with の目的語になっている。

➡ he wanted の前に目的格の関係代名詞の which[that]が省略されている。先行詞は直前の the seeds。

④ **... most seeds of traditional vegetables had been preserved through the**

〈had been ＋動詞の過去分詞〉

generations thanks to the efforts of individual farmers.

➡ had been preserved は〈had been＋動詞の過去分詞〉の形の過去完了形の受動態で「～されてきた」という意味を表す。　　　　　　　　　　　　文法詳細 p.53

➡ through the generations は「何世代にもわたって」という意味。

➡ thanks to ～は「～のおかげで」という意味。

🖊 Q1. ＿＿＿ を埋めなさい。

私が見た時にはその窓は割れていた。

The window ＿＿＿＿＿＿ ＿＿＿＿＿＿ ＿＿＿＿＿＿ when I saw it.

形式主語　　　　　　真主語

⑦ **As a result, it will be possible to protect traditional vegetables (and) hand them down to the next generation.**

➡ As a result は「結果として」という意味を表す。

➡ it は形式主語で to protect 以下が真主語。

➡ and は to protect ... vegetables と (to) hand ... generation をつないでいる。

⑧ **Since there was no system to distribute the seeds, I wanted to create one myself.**

形容詞的用法

➡ since はここでは「～なので」と理由を表す接続詞。

➡ to distribute は形容詞的用法の不定詞で，to distribute the seeds が no system を修飾している。

➡ one は前に出た可算名詞を受けて，同種の別のものを表す。ここでは a system を指す。

🖊 Q2. 日本語にしなさい。

He bought a nice car. I want one, too.

（　　　　　　　　　　　　　　　　　　　　　　　　　　　　　　　　）

PART ④

ポイント　宙のメッセージとは何でしょうか。

① Supermarkets want / a variety of beautiful vegetables / displayed neatly. //
スーパーマーケットは望む / さまざまな見栄えのよい野菜が / きれいに陳列されるのを //

② Many vegetables are now grown / from a particular type of seed / called F_1
多くの野菜が今では栽培されている / ある特定の種類のタネから / 雑種第一代のタネと

seeds. // ③ They enable vegetables to grow / in the same size and shape. //
呼ばれる // それらは野菜が育つことを可能にする / 均一の大きさと形で //

④ Therefore, / many farmers in Japan / buy these seeds / from a foreign company /
そのため / 日本の多くの農家が / これらのタネを買う / 外国の会社から /

and have stopped / preserving their own seeds. //
そしてやめてしまった/ 各農家固有のタネを守るのを //

⑤ Sora is not alone / in trying / to hand the seeds down to the next generation. //
宙ひとりだけではない / しようとしているのは / 次の世代にタネを伝えることを //

⑥ For example, / some groups are setting up / seed banks / to preserve the seeds /
たとえば / 設立しているグループがある / シードバンクを / タネを保存するために /

in danger of being lost. //
絶滅の危険にさらされている //

⑦ Sora says, / "Even high school students / can change the world / by starting
宙は言う / 「高校生でも / 世の中を変えることができる / 何かなじみの

with something familiar." // ⑧ Why don't you / find an issue around you / and
あるものから始めることによって」// あなたも~しませんか / 身近なところにある問題をみつけ /

think about it carefully? //
そしてそれについてじっくりと考えることを //

✓ 単語・熟語チェック

☐ **supermarket**	图 スーパーマーケット	☐ **F_1** [=first filial generation]	
☐ **variety**	图 多様性		图 雑種第一代
☐ **a variety of** ~	熟 さまざまな~	☐ **danger**	图 危険
☐ **display**	動 ~を陳列する	☐ **in danger of** ~	熟 ~の危険に
☐ **neatly**	副 きれいに, きちんと	☐ **issue**	图 問題
☐ **particular**	形 特定の		

✓ Check Up! ヒント

1. What kinds of seeds are F_1 seeds?
（雑種第一代のタネとはどんな種類のタネでしょうか。）　→本文③

2. What are some groups doing to preserve the seeds in danger of being lost?
（絶滅の危険にさらされているタネを守るためにいくつかのグループがしていることは何でしょうか。）
→本文⑥

3. How does Sora say even high school students can change the world?
（宙は, どのような方法で高校生でも世の中を変えられると言っていますか。）　→本文⑦

🔲 Sum Up! ヒント

雑種第一代のタネから栽培される野菜は, （　　）大きさと形をしている。（　　）の多くの農家は, （　　）会社からこれらのタネを買い, 各農家固有のタネを守るのをやめてしまった。しかし, シード（　　）を設立することによって（　　）にあるタネを守ろうとしているグループもある。

🎵 読解のカギ

① **Supermarkets** <u>want</u> <u>a variety of beautiful vegetables</u> <u>displayed</u> neatly.
　　　　　　　　　V　　　　　　　O　　　　　　　　　　過去分詞

➡ want は〈S＋V＋O＋過去分詞〉の形をとることができる。〈want＋O＋過去分詞〉は「Oが〜されるのを望む」という意味を表す。　　　文法詳細 p.54

🎵 Q1. 並べかえなさい。

彼女は荷物が彼女の家へ送られることを望んでいる。
(sent / she / to / her baggage / her house / wants).

_____.

② **Many vegetables are now grown from** <u>a particular type of seed</u> <u>called F₁ seeds</u>.
　　　　　　　　　　　　　　　　　　　　　　　　　　└─┘ 過去分詞＋語句

➡ 過去分詞 called が語句を伴って a particular type of seed を修飾している。

③ **They** enable <u>vegetables</u> <u>to grow</u> in the same size and shape.
　　　　　enable　　　O　　　　to *do*

➡ 〈enable＋O＋to *do*〉の形で「O が〜することを可能にする」という意味。

⑤ **Sora is not alone in trying to hand the seeds down to the next generation.**

➡ be not alone は「ひとりだけではない」, in *do*ing は「〜することにおいて」という意味をそれぞれ表す。つまり〜 is not alone in trying ...は「…しようとしているのは〜ひとりだけではない」という意味。

⑥ **... to preserve** <u>the seeds</u> [in danger of being lost].
　　　　　　　　　　　┌─＝─┐ 同格
　　　　　　　　　　　　　　　　〈being ＋過去分詞〉動名詞の受動態

➡ in danger of 〜は「〜の危険に」という意味。in danger of being lost が直前の the seeds を修飾して「〜の危険にあるタネ」という意味を表している。
➡ of は danger と being lost を同格につないでいる。being lost は動名詞の受動態。

🎵 Q2. ＿＿＿ を埋めなさい。

この情報は見つけられる危険にさらされている。
This information is in ＿＿＿＿＿ of ＿＿＿＿＿ discovered.

🎵 読解のカギ Q の解答　**Q1.** She wants her baggage sent to her house(.)　　**Q2.** danger, being

📖 Grammar

G-1 複合関係代名詞

▶複合関係代名詞とは

関係代名詞の語尾に -ever を付けたものを複合関係代名詞という。副詞節を導き whatever 〜，「何が[を]〜しても」, whoever 〜「誰が[を]〜しても」, whichever 〜「どちらが[を]〜しても」などがある。

---

whatever

He is always calm, <u>whatever</u> happens.
　　　　　　　　　複合関係代名詞(S)　　 V

（何が起ころうとも，彼はいつも冷静だ。）

➡ 〈whatever＋V〉は「何が V しても」という意味を表す。ここでは whatever が関係詞節の中で主語の働きをしている。

He is always calm, <u>whatever</u> people <u>say</u> to him.
　　　　　　　　　複合関係代名詞(O)　S　 V

（人々が彼に向かって何を言っても，彼はいつも冷静だ。）

➡ 〈whatever＋S＋V〉は「何を S が V しても」という意味を表す。ここでは whatever が関係詞節の中で目的語の働きをしている。

---

whoever

I will not sell this painting, <u>whoever</u> wants it.
　　　　　　　　　　　　　複合関係代名詞(S)　 V　 O

（誰がこの絵を欲しがっても，私はそれを売るつもりはない。）

➡ 〈whoever＋V〉は「誰が V しても」という意味を表す。ここでは whoever が関係詞節の中で主語の働きをしている。

You're welcome, <u>whoever</u> you <u>are</u>.　（あなたが誰であっても歓迎します。）
　　　　　　　複合関係代名詞(C)　S　 V

➡ 〈whoever＋S＋V〉は「誰を S が V しても」という意味を表す。

➡ V が be 動詞の場合は「S が誰であっても」という意味を表す。ここでは whoever が関係詞節の中で補語の働きをしている。

---

whichever

You don't need to pay for it, <u>whichever</u> you <u>choose</u>.
　　　　　　　　　　　　　　複合関係代名詞(O)　S　　 V

（あなたがどちらを選んでも，あなたはその代金を支払う必要はない。）

➡ 〈whichever＋S＋V〉は「どちらを S が V しても」という意味を表す。ここでは whichever が関係詞節の中で目的語の働きをしている。

➡ V が be 動詞の場合は「S がどちらでも」という意味を表す。

➡ 〈whichever＋V〉は「どちらが V しても」という意味を表す。

G-2 S＋V＋O＋現在分詞

▶〈S＋V＋O＋現在分詞〉は「S は O が〜しているのを V する」という意味。keep はこの形をとることができる動詞で，〈keep＋O＋現在分詞〉の形で「O を〜している状態にしておく」という意味を表す。O が現在分詞の意味上の主語になり，「O が〜している」という能動の関係になる。keep 以外に want, leave, find などもこの形をとることができる。（**G-4** 参照）

I kept Ken waiting for thirty minutes. ［Ken=waiting の関係］
S V   O   C(現在分詞)

（私はケンを30分間待たせたままにした。）

➡ Ken was waiting(ケンは待っていた)という関係が成り立っている。

➡ 現在分詞 waiting の意味上の主語は I ではなく，目的語の Ken である。

G-3 完了形の受動態

▶**完了形の受動態とは**

〈have[has] / had been＋動詞の過去分詞〉の形で「〜されている／いた」という意味を表す。完了形の〈have[has] / had＋動詞の過去分詞〉と受動態の〈be 動詞＋過去分詞〉を組み合わせた形。完了形の用法と同様に完了，継続，経験の用法がある。

現在完了形の受動態

The wall has just been painted. 〈完了〉 （壁はペンキが塗られたばかりだ。）
　　　　　has　　　been ＋過去分詞

➡ 現在完了形の受動態の完了用法で，「(たった今)〜されたところだ」という意味を表す。

These books have been read by many children for a long time. 〈継続〉
　　　　　　have been ＋過去分詞

（これらの本は長い間多くの子どもたちに読まれてきた。）

➡ 現在完了形の受動態の継続用法で，「(今までずっと)〜されてきた」という意味を表す。

The temple has been repaired three times. 〈経験〉
　　　　　has been ＋過去分詞

（その寺は3回修理されたことがある。）

➡ 現在完了形の受動態の経験用法で，「(今までに)〜されたことがある」という意味を表す。

過去完了形の受動態

The TV had been repaired when I came home. 〈完了〉
　　　　had been ＋過去分詞

（家に帰った時には，テレビは修理されていた。）

➡ 過去完了形の受動態の完了用法で，過去のある時点(私が家に帰った時)までに「〜されて(しまって)いた」という意味を表す。

➡ 過去完了形の受動態も現在完了形の受動態と同様に，完了，継続，経験の用法がある。継続用法は過去のある時点まで「(ずっと)〜されてきた」，経験用法は過去のある時点までに「〜されたことがある」という意味を表す。

G-4 S＋V＋O＋過去分詞

▶〈S＋V＋O＋過去分詞〉は「S は O が〜されるのを V する」という意味。want はこの形をとることができる動詞で，〈want＋O＋過去分詞〉の形で「O が〜されるのを望む」という意味を表す。O が過去分詞の意味上の主語になり，「O が〜される」という受動の関係になる。

want＋O＋過去分詞

I want all food prepared before the party starts.　［all food=prepared の関係］
S　V　　O　　C（過去分詞）
(パーティーが始まる前に食べ物が全部用意されていてほしい。)

➡ 過去分詞 prepared の意味上の主語は all food。それが用意されることを望んでいるのは，主語の I であることに注意。

➡ G-2 と同様に〈S＋V＋O＋C〉の形の文だが，O と C（分詞）の関係が，G-2 では能動，G-4 では受動となっている。

want＋O＋現在分詞

He didn't want Mary leaving the town.　［Mary=leaving の関係］
S　　V　　　O　　C（現在分詞）
(彼はメアリーに町を出て行ってほしくなかった。)

➡ 現在分詞 leaving の意味上の主語は Mary。

➡〈want＋O＋現在分詞〉で「O が〜することを望む」という意味を表し，否定文で用いられることが多い。「O が〜することを望む」という意味では〈want＋O＋to 不定詞〉の形を使うことが多い。

その他の動詞＋O＋現在分詞［過去分詞］

Keep all the windows closed.　［all the windows=closed の関係］
V　　O　　　C（過去分詞）
(すべての窓を閉めたままにしておきなさい。)

She left her baby crying for a few minutes.　［her baby=crying の関係］
S　V　　O　　C（現在分詞）
(彼女は，数分間赤ん坊を泣かせておいた。)

They found the door locked.　［the door=locked の関係］
S　　V　　O　　C（過去分詞）
(彼らは，ドアに鍵がかかっていることがわかった。)

➡〈S＋V＋O＋現在分詞［過去分詞］〉の形をとる代表的な動詞には，keep（G-2 参照），leave「〜のままにしておく」，find「〜とわかる」などがある。

➡ keep は意図的に O をある状態にしておくことを，leave は O をある状態のまま放置しておくことを表す。

➡ want の場合と同様に，O と C の関係は意味上の主語と動詞で，現在分詞の場合は能動「〜している」の意味，過去分詞の場合は受動「〜される」の意味を表す。

🔖 Finish Up! ！ヒント

1.「(　　)はすべてタネから育つ。」名詞が入る。(教 p.62, ℓℓ.4 〜 6)

2.「もしタネが失われたら，私たちは農作物も肉も食べられなくなってしまい，(　　)ことができないだろう。」動詞が入る。(教 p.62, ℓℓ.7 〜 8)

3, 4.「彼(＝宙)は，日本の野菜のタネを(　　)ために，日本中の(　　)野菜のタネを集めて売る。」形容詞と動詞が入る。(教 p.64, ℓℓ.4 〜 8)

5.「もしタネが全国の市場で(　　)ようになったら，それらを使いたいと思う人が増えるだろう。」形容詞が入る。(教 p.66, ℓℓ.11 〜 13)

6.「その結果，伝統野菜を守り次の(　　)に残すことができるだろう。」名詞が入る。(教 p.66, ℓℓ.13 〜 15)

7.「それら(＝雑種第一代のタネ)は，野菜が(　　)大きさと形に育つことを可能にする。」形容詞が入る。(教 p.68, ℓℓ.4 〜 5)

8.「そのため，日本の多くの農家が(　　)会社からタネを買い，各農家固有のタネを保存するのをやめてしまった。」形容詞が入る。(教 p.68, ℓℓ.5 〜 7)

9, 10.「絶滅の(　　)にさらされているタネを保存するために，シード(　　)を設立しているグループがある。」両方とも名詞が入る。(教 p.68, ℓℓ.9 〜 11)

🔗 OUTPUT ！ヒント

Listen

Daisuke

Reasons:・「私の父はよく私と(　　)をして，私を(　　)の試合に連れて行ってくれた。」
・「私は子どもたちに(　　)をする(　　)を知ら(　　)たい。」

Risa

Reasons:・「私の祖父は(　　)を育てていた，そして私はよく彼がその(　　)をするのを手伝った。」
・「私は(　　)と一緒にいて幸せに(　　)，そして私は彼らを幸せに(　　)たい。」

Write & Speak

例 I am interested in growing plants. I was born and raised in Yokohama, but my uncle and aunt live in the countryside. They are farmers. When I visit them, I help them grow vegetables and fruits. I like the fresh air there and it's great fun to see these crops growing. So I want to be a farmer.

Interact

例

Reasons:

Her uncle and aunt are farmers and she sometimes helps them.

It's great fun for her to see their crops growing.

Questions:

What kinds of crops do your uncle and aunt grow?

Are you going to work with your uncle and aunt?

📑 定期テスト予想問題　　解答 ➡ **p.169**

1 日本語に合うように，___に適切な語を入れなさい。

(1) 祖父は私たちに古い絵を残した。

Our grandfather _____ his old pictures _____ to us.

(2) 彼はなんとか試験に合格した。

He _____ _____ pass the exam.

(3) その旅行の代金を支払ってもらえますか。

Can you _____ _____ the trip?

(4) この辞書は私のよりずっと役に立つ。

This dictionary is _____ _____ useful than mine.

2 （　）内の語のうち，適切なものを選びなさい。

(1) My two sons sometimes fight (for, of, to) toys.

(2) The news spread (with, of, throughout) the world quickly.

(3) (In, As, For) a result, she lost everything.

3 日本語に合うように，（　）内の語句や符号を並べかえなさい。

(1) 私がそこに着く前に，門は閉められてしまっていた。

(been / arrived / the gate / I / closed / had / before) there.

_____ there.

(2) 私は注意してこの壁を塗ってもらいたい。

(wall / want / I / this / painted) carefully.

_____ carefully.

(3) 誰が彼女に頼んでも，彼女は彼を許さなかった。

She (asked / forgive / him / her / whoever / didn't / ,).

She _____.

(4) この建物は一度火事によって損害を受けたことがある。

(has / building / damaged / fire / by / been / this) once.

_____ once.

4 次の英語を日本語にしなさい。

(1) Whatever you say, I won't be surprised.

(　　　　　　　　　　　　　　　　　　　　　　　　　)

(2) She kept her students practicing the songs.

(　　　　　　　　　　　　　　　　　　　　　　　　　)

(3) Coffee has been enjoyed since the 13th century.

(　　　　　　　　　　　　　　　　　　　　　　　　　)

5 次の英文を読んで，あとの問いに答えなさい。

Sora was a boy who liked collecting seeds in yards and parks. At first, he ①was (　　)(　　) just collecting the seeds he wanted. When he was a junior high school student, ②he started to think that just collecting seeds was not enough. Sora learned that ③(seeds / vegetables / preserved / traditional / most / had / been / of) through the generations thanks to the efforts of individual farmers. If they stop preserving the seeds, these vegetables will be lost.

(1) 下線部①が「〜に満足した」という意味になるように，(　)に適切な語を入れなさい。　　　　　　　　　　　　　was ＿＿＿＿＿＿ ＿＿＿＿＿＿

(2) 下線部②の英語を日本語に訳しなさい。
(　　　　　　　　　　　　　　　　　　　　　　　　　　　　　)

(3) 下線部③が「ほとんどの伝統野菜のタネは守られてきた」という意味になるように，(　)内の語を並べかえなさい。
＿＿＿＿＿＿＿＿＿＿＿＿＿＿＿＿＿＿＿＿＿＿＿＿＿＿＿＿＿＿

(4) 次の質問に英語で答えなさい。
What will happen if individual farmers stop preserving seeds of traditional vegetables?
＿＿＿＿＿＿＿＿＿＿＿＿＿＿＿＿＿＿＿＿＿＿＿＿＿＿＿＿＿＿

6 次の英文を読んで，あとの問いに答えなさい。

Supermarkets want ①a (　　)(　　) beautiful vegetables ②(display) neatly. Many vegetables are now grown from a particular type of seed ③(call) F_1 seeds. ④They (the / in / same / vegetables / to / grow / size and shape / enable). Therefore, many farmers in Japan buy these seeds from a foreign company and have stopped preserving their own seeds.

Sora is not alone in trying to hand the seeds down to the next generation. For example, some groups are setting up seed banks to preserve the seeds in danger of being lost.

(1) 下線部①が「さまざまな〜」という意味になるように，(　)に適切な語を入れなさい。　　　　　　　　　　　　　　a ＿＿＿＿＿＿ ＿＿＿＿＿＿

(2) 下線部②③の(　)内の語を適切な形に書きかえなさい。
② ＿＿＿＿＿＿＿　　③ ＿＿＿＿＿＿＿

(3) 下線部④が「それらは野菜が同じ大きさと形に育つことを可能にする。」という意味になるように，(　)内の語句を並べかえなさい。
They ＿＿＿＿＿＿＿＿＿＿＿＿＿＿＿＿＿＿＿＿＿＿＿＿＿＿.

(4) 次の質問に英語で答えなさい。
Why are some groups setting up seed banks?
＿＿＿＿＿＿＿＿＿＿＿＿＿＿＿＿＿＿＿＿＿＿＿＿＿＿＿＿＿＿

小林　宙　『タネの未来　僕が15歳でタネの会社を起業したわけ』(家の光協会，2019)

Lesson 5 Gaudi and His Messenger

PART ①

ポイント　サグラダ・ファミリアとは何でしょうか。

① An odd-shaped church, / the Sagrada Familia, / stands in Barcelona, / Spain. //
変わった形をした教会が / サグラダ・ファミリアという / バルセロナに建っている / スペインの //

② It has been under construction / since 1882 / because of a lack of money. // ③ It
それはずっと建設中だ / 1882年から / 資金不足のために // それは

has been funded / only by donations and admission fees. //
資金提供を受けている / 寄付と入場料のみで //

④ The church was designed / by Antonio Gaudi (1852–1926). // ⑤ He took
その教会は設計された / アントニオ・ガウディ(1852〜1926年)によって // 彼は

over the head architect's position / in 1883, / when he was only 31. // ⑥ He began
主任建築家の地位を引き継いだ / 1883年に / そのとき彼はわずか31歳だった // 彼は

to build the church in his own way, / changing the original plan completely. //
自分のやり方で教会を建設し始めた / 元の計画を完全に変更しながら //

⑦ Gaudi was born in Catalonia, / Spain. // ⑧ As a child, / he had poor health /
ガウディはカタルーニャ州で生まれた / スペインの // 子どものころ / 彼は病弱だった /

and was not able to play outside. // ⑨ Instead, / he spent his childhood /
そして外で遊ぶことができなかった // その代わりに / 彼は子ども時代を過ごした /

observing the nature around him / such as plants and insects. // ⑩ This experience
周囲の自然を観察して / 植物や昆虫のような // この経験が

had a great influence on his art. //
彼の芸術に大きな影響を与えた //

単語・熟語チェック

☐ messenger	名 伝道者，使者	☐ fee	名 料金
☐ odd	形 変わった	☐ take over ~	熟 ~を引き継ぐ
☐ -shaped	形 ~の形の	☐ architect	名 建築家
☐ odd-shaped	形 変わった形の	☐ position	名 地位
☐ church	名 教会	☐ original	形 元の，最初の
☐ Barcelona	名 バルセロナ	☐ completely	副 完全に
☐ construction	名 建設	☐ Catalonia	名 カタルーニャ州
☐ be under construction	熟 建設中である	☐ spend	動 (時間)を過ごす
☐ lack	名 不足	☐ spent	動 spend の過去形・過去分詞
☐ fund	動 ~に資金を提供する	☐ insect	名 昆虫
☐ donation	名 寄付	☐ experience	名 経験，体験
☐ admission	名 入場		

✓ Check Up! ヒント

1. How long has the Sagrada Familia been under construction?
（サグラダ・ファミリアはどのくらいの間ずっと建設中ですか。）　→本文②

2. Who designed the Sagrada Familia?
（誰がサグラダ・ファミリアを設計しましたか。）　→本文④

3. How did Gaudi spend his childhood?
（ガウディはどのように子ども時代を過ごしましたか。）　→本文⑨

📖 Sum Up! ヒント

サグラダ・ファミリアという（　　）教会は，1882年からずっとバルセロナで（　　）中だ。それはアントニオ・ガウディによって（　　）。彼は（　　）がすぐれなかったため，周囲の自然を観察して子ども時代を過ごした。彼の芸術はこの経験に（　　）。

🔑 読解のカギ

② **It has been under construction** since 1882 because of a lack of money.
➡ has been は「〜の状態である」という〈継続〉を表す現在完了形。
➡ be under construction は「建設中である」という意味。

③ **It has been funded** only by donations and admission fees.
➡ has been funded は「資金提供されている」という〈継続〉を表す現在完了形の受動態。

⑤ **He took over** the head architect's position in 1883, when he was only 31.
　　　　　　　　　　　　　　　　　　　　　先行詞(時)└────┘↑関係副詞
➡ take over 〜は「〜を引き継ぐ」という意味。
➡ when he was only 31 は，〈時〉を表す単語 1883 を先行詞とする関係副詞節。when の前にコンマがあるので，先行詞に補足情報を付け加える非制限用法。

⑥ **He began to build the church** in his own way, changing **the original plan completely.**
➡ in *one's* own way は「自分のやり方で」という意味。
➡ changing the original plan completely は分詞構文。changing という現在分詞が，語句を伴ってコンマの前の文を修飾している。分詞構文はいろいろな意味を表すが，ここでは「〜しながら」という〈付帯状況〉を表している。　　　文法詳細 p.66 ▶

⑧ **As a child, he** had poor health **and was not able to play outside.**
➡ as は「〜のときに」という意味を表す前置詞。
➡ have poor health は「病弱である」という意味。

⑩ **This experience had a great influence on his art.**
➡ This experience は⑨のガウディの子どものころの経験を指す。
➡ have a great influence on 〜は「〜に大きな影響を及ぼす」という意味。

PART ❷

ポイント　ガウディの死後，サグラダ・ファミリアはどのように建設され続けたのでしょうか。

① Gaudi had strong Catholic beliefs. //　② He devoted his life to the Sagrada
ガウディには強いカトリック信仰があった //　　　　　彼は人生をサグラダ・ファミリアに

Familia. //　③ He wanted to create a church / that was beautiful, / harmonious, / and
ささげた //　　彼は教会を作りたいと思っていた /　　美しく　　/　調和のとれた　/ そして

structurally perfect. //
構造的に完璧な　　 //

④ After Gaudi's death, / however, / Gaudi's designs and models were no longer
　　　ガウディの死後 /　しかし　/　ガウディの設計図や模型はもう使われなかった

used. //⑤ They were burned or lost / in the Spanish Civil War. //　⑥ Instead, / Gaudi's
// それらは燃やされたり失われたりした /　　スペイン内戦で　//　その代わりに /ガウディの

pupils drew the designs, / thinking of what Gaudi had told them. // ⑦ Still now, /
弟子たちは設計図を描いた　/　ガウディが彼らに話したことを考えながら　//　今てもなお /

the builders are trying to imagine / what Gaudi had in mind. //
　建設者たちは想像しようとしている　/　ガウディが考えていたことを //

⑧ In 2013, / it was announced / that the church would be completed / in 2026. //
　2013 年に /　発表された　/　教会が完成されるだろうということが　/ 2026 年に //

⑨ It will be 100 years / after Gaudi's death. // ⑩ The builders are increasing / the
それは 100 年にあたる /　ガウディの没後　//　　建設者たちは増している　/　その

pace of its construction, / helped by advanced technology and more funds. // ⑪ In
建設のペースを　　　/　　先進技術やより多くの資金に助けられて　//　2018

2018, / they began to build / the tower of Jesus Christ / and / construction entered
年に /　彼らは建設し始めた /　　キリストの塔を　　/ そして /　　建設は最終段階に

the final stage. //
入った　　　 //

✅ 単語・熟語チェック

□ Catholic 形 (ローマ)カトリック(教会)の		□ the Spanish Civil War 名 スペイン内戦	
□ belief	名 信念，信仰	□ pupil	名 生徒，弟子
□ devote	動 ～をささげる	□ draw	動 ～を描く
□ devote A to B	熟 A を B にささげる	□ drew	動 draw の過去形
□ harmonious	形 調和のとれた	□ builder	名 建設者
□ structurally	副 構造的に	□ have ~ in mind	熟 ～のことを考えている
□ perfect	形 完璧な	□ complete	動 ～を完成させる
□ model	名 模型	□ pace	名 ペース
□ burn	動 ～を燃やす		

✅ Check Up! ヒント

1. What kind of church did Gaudi want to create?
（ガウディはどのような種類の教会を作りたいと思っていましたか。）　→本文③

2. What are the builders still doing now?
（建設者たちは今なお何をしていますか。）　→本文⑦

3. When will the Sagrada Familia be completed?
（サグラダ・ファミリアはいつ完成されますか。）　→本文⑧

📱 **Sum Up! ヒント**

ガウディは，美しく，（　　），構造的に完璧な教会を作りたいと思っていた。ガウディの（　　）後，彼の弟子たちは，ガウディが彼らに話したことを考えながら，その教会を建設し続けた。今でもなお，（　　）はガウディが考えていた（　　）を想像しようとしている。教会は2026年に（　　）だろう。

🔑 **読解のカギ**

② **He devoted his life to the Sagrada Familia.**
　➡ devote *A* to *B* は「*A* を *B* にささげる」という意味。

③ **He wanted to create a church that was beautiful, harmonious, and structurally perfect.**
　　　　　　　　　先行詞(物)└──────┘関係代名詞
　➡ that was beautiful, harmonious, and structurally perfect は〈物〉を表す先行詞 a church を修飾する関係代名詞節。that は主格の関係代名詞。

⑥ **Instead, Gaudi's pupils drew the designs, thinking of what Gaudi had told them.**
　➡ thinking of what Gaudi had told them は分詞構文。thinking という現在分詞が，語句を伴ってコンマの前の文を修飾している。ここでは「〜しながら」という〈付帯状況〉を表している。what Gaudi had told them は関係代名詞 what が導く節で，前置詞 of の目的語になっている。

⑦ **Still now, the builders are trying to imagine what Gaudi had in mind.**
　➡ what Gaudi had in mind は関係代名詞 what が導く節で，imagine の目的語になっている。have 〜 in mind は「〜のことを考えている」という意味。

⑧ **In 2013, it was announced that the church would be completed in 2026.**
　➡ 〈it was announced that＋S'＋V'〉は「S'は V'だと発表された」という意味。時制の一致により that 節内では would が使われている。

⑩ **The builders are increasing the pace of its construction, helped by advanced technology and more funds.**
　➡ helped by advanced technology and more funds は受動態の分詞構文。helped という過去分詞が，語句を伴ってコンマの前の文を修飾している。分詞構文はいろいろな意味を表すが，ここでは「〜されて」という〈付帯状況〉を表している。

文法詳細 pp.66~67 ▶

PART ❸

ポイント どのようにして外尾さんはサグラダ・ファミリアの彫刻家になったのでしょうか。

① We can see a beautiful sculpture, / "The Nativity Facade," / in the Sagrada
私たちは美しい彫刻を見ることができる／「生誕のファサード」という／サグラダ・ファミリアの

Familia. // ② Surprisingly, / the 15 angels on it / were carved by a Japanese sculptor, /
中で　　//　　驚いたことに／そこにある 15 体の天使は／　日本人彫刻家によって彫られた　／

Sotoo Etsuro. // ③ He was born in Fukuoka / in 1953. // ④ At university, / he
外尾悦郎という　//　　　彼は福岡で生まれた　／ 1953 年に //　　　大学で　　／彼は

majored in sculpture. // ⑤ One day, / at the age of 25, / he suddenly felt an impulse /
彫刻を専攻した　　//　　　ある日　／　25 歳の時に　／　彼は突然，衝動を覚えた　／

to carve stone. // ⑥ He left Japan for Europe, / where there is a strong culture of
石を彫りたいという //　彼は日本を発ちヨーロッパへ向かった／　　　そこには石細工の根強い

stonework. //
文化がある　//

　　⑦ After visiting Paris, / Sotoo happened to get on a train to Barcelona. // ⑧ He
　　　　パリを訪れたあと　／　　外尾さんはたまたまバルセロナ行きの電車に乗った　//　　彼は

visited the Sagrada Familia, / and saw a lot of stones piled up there. // ⑨ Suddenly, /
サグラダ・ファミリアを訪れた　／　そしてそこにたくさんの石が積み重ねられているのを見た // 突然 ／

he felt the impulse again. // ⑩ He repeatedly asked the head architect / to let him
彼は再びその衝動を覚えた　　//　　　　彼は何度も主任建築家に頼んだ　　　／　彫らせてくれる

carve. // ⑪ Finally, / Sotoo was accepted / as a sculptor of the Sagrada Familia. //
ように //　　ついに／外尾さんは受け入れられた／　サグラダ・ファミリアの彫刻家として　//

単語・熟語チェック

☐ sculptor	图 彫刻家	☐ impulse	图 衝動
☐ sculpture	图 彫刻	☐ stonework	图 石細工
☐ angel	图 天使	☐ happen to *do*	熟 たまたま〜する
☐ carve	動 〜を彫る	☐ pile	動 〜を積む
☐ major	動 専攻する	☐ pile up 〜	熟 〜を積み重ねる
☐ major in 〜	熟 〜を専攻する	☐ repeatedly	副 何度も，繰り返し

✓ Check Up! ヒント

1. Who carved the 15 angels on "The Nativity Facade"?
（誰が「生誕のファサード」にある 15 体の天使を彫りましたか。）　→本文①②

2. Why did Sotoo leave Japan for Paris when he was 25?
（外尾さんはなぜ 25 歳の時に日本を発ちパリへ向かいましたか。）　→本文⑤⑥

3. What did Sotoo see in the Sagrada Familia?
（サグラダ・ファミリアで外尾さんは何を見ましたか。）　→本文⑧

Sum Up! ヒント

「生誕のファサード」にある 15 体の天使は, 外尾悦郎という日本人彫刻家によって(　　)。25 歳の時, 彼は石を彫りたいという(　　)を覚えた。彼は日本を(　　)ヨーロッパへ向かい, それからバルセロナを訪れた。彼はサグラダ・ファミリアにたくさんの石が(　　)のを見た。突然, 彼は再びその衝動を覚え, そこの(　　)になった。

読解のカギ

④ **At university, he majored in sculpture.**
 ➡ major in 〜は「〜を専攻する」という意味。

⑤ **One day, at the age of 25, he suddenly felt an impulse to carve stone.**
　　　　　　　　　　　　　　　　　　　　　　　 = 同格の関係
 ➡ at the age of 〜は「〜歳の時に」という意味。
 ➡ to carve stone は an impulse の具体的な内容を説明する形容詞的用法の不定詞。

⑥ **He left Japan for Europe, where there is a strong culture of stonework.**
　　　　　　　　先行詞(場所)　　　　　　関係副詞
 ➡ leave A for B は「A を出発して B に向かう」という意味。
 ➡ where there is a strong culture of stonework は, 〈場所〉を表す単語 Europe を先行詞とする関係副詞節。where の前にコンマがあるので, 先行詞に補足情報を付け加える非制限用法。

⑦ **After visiting Paris, Sotoo happened to get on a train to Barcelona.**
 ➡ happen to do は「たまたま〜する」という意味。
 ➡ get on 〜は「(乗り物)に乗る」という意味。

⑧ **He visited the Sagrada Familia, and saw a lot of stones piled up there.**
　　　　　　　　　　　　　　　知覚動詞see　　O　　　過去分詞
 ➡ see は知覚動詞。〈see＋O＋過去分詞〉で「O が〜されるのを見る」という意味。O にくる a lot of stones が, 過去分詞 piled の意味上の主語となる。文法詳細 pp.67~68
 ➡ pile up 〜は「〜を積み重ねる」という意味。

⑩ **He repeatedly asked the head architect to let him carve.**
　　　　　　　　ask　　　　O　　　to不定詞 O' 動詞の原形
 ➡ 〈ask＋O＋to 不定詞〉は「O に〜するように頼む」という意味。the head architect が O にきている。
 ➡ let は使役動詞。〈let＋O＋動詞の原形〉で「(許可して)O に〜させる」という意味。

PART ④

ポイント　サグラダ・ファミリアに取り組んでいる間，外尾さんは何を考えているのでしょうか。

① Sotoo has been working on the church / for over 40 years. // ② He is now /
外尾さんはその教会に取り組み続けている　/　40年以上の間　//　彼は今　/

in charge of / the interior of the tower of Jesus Christ. // ③ He often thinks of the
～を担当している/　キリストの塔の内部　//　彼はよく強い結び付きに

strong bond / between Gaudi and nature. // ④ "Gaudi wanted to create something /
ついて考える　/　ガウディと自然の間の　//　「ガウディは何かを作りたかった　/

that makes us happy," / Sotoo says. // ⑤ "Gaudi was happy / when he was
私たちを幸福にしてくれる」/　外尾さんは言う　//　「ガウディは幸福だった　/　彼が自然に

surrounded by nature / in his childhood. // ⑥ Therefore, / he thought / nature
囲まれているとき　/　子どもの時代に　//　それゆえ　/　彼は考えた　/　自然が

could make us happy. // ⑦ He also believed / that the most beautiful forms could
私たちを幸福にしてくれると　//　彼はまた信じていた　/　最も美しい形は見つけられると

be found / in nature." // ⑧ In fact, / the interior of the Sagrada Familia / looks like a
/　自然の中に」//　実際　/　サグラダ・ファミリアの内部は　/　森のように

forest. // ⑨ Sotoo adds, / "Working on the Sagrada Familia / made Gaudi a great
見える　// 外尾さんは付け加えて言う /「サグラダ・ファミリアに取り組むことが / ガウディを偉大な

architect." //
建築家にした」//

⑩ "Let's make much better things tomorrow." // ⑪ These were Gaudi's last
「明日はさらにもっとよいものを作ろう」　//　これらはガウディの最後の言葉

words / before he died. // ⑫ Sotoo continues to carve stone / with Gaudi's will in mind. //
だった / 彼が亡くなる前の //　外尾さんは石を彫り続ける　/ ガウディの意志を心に留めて //

単語・熟語チェック

□ **work on ~**　熟 ~に取り組む
□ **charge**　名 責任
□ **be in charge of ~**
　熟 ~の責任者である，~を担当している
□ **interior**　名 内部
□ **bond**　名 結び付き，きずな

□ **surround**　動 ~を囲む
□ **be surrounded by ~**
　熟 ~に囲まれている
□ **form**　名 形
□ **will**　名 意志

Check Up! ヒント

1. What did Gaudi think could make us happy?
（ガウディは何が私たちを幸福にしてくれると考えましたか。）　→本文⑥

2. What does the interior of the Sagrada Familia look like?
（サグラダ・ファミリアの内部はどのように見えますか。）　→本文⑧

3. According to Sotoo, what made Gaudi a great architect?
（外尾さんによると，何がガウディを偉大な建築家にしましたか。）　→本文⑨

🔊 Sum Up! ヒント

ガウディは自然が私たちを(　　)にしてくれると考えた。彼は最も美しい(　　)は自然の中に見つけられると信じていた。実際，サグラダ・ファミリアの(　　)は森のように見える。外尾さんは，サグラダ・ファミリアに取り組むことがガウディを偉大な(　　)にしたと言う。彼はガウディの(　　)を心に留めて石を彫り続ける。

🔑 読解のカギ

① **Sotoo has been working on the church for over 40 years.**
　➡ has been working は「(今まで)ずっと取り組んできた」という〈継続〉を表す現在完了進行形。work on ～は「～に取り組む」という意味。

② **He is now in charge of the interior of the tower of Jesus Christ.**
　➡ be in charge of ～は「～の責任者である，～を担当している」という意味。

④ **"Gaudi wanted to create something that makes us happy," Sotoo says.**
　　　　　　　　　　　　　　　　先行詞(物)↑└─────┘関係代名詞
　➡ that makes us happy は〈物〉を表す先行詞 something を修飾する関係代名詞節。that は主格の関係代名詞。

⑤ **"Gaudi was happy when he was surrounded by nature in his childhood.**
　➡ be surrounded by ～は「～に囲まれている」という意味。
　➡ in *one's* childhood は「子どもの時代に」という意味。

⑧ **In fact, the interior of the Sagrada Familia looks like a forest.**
　➡ in fact は「実際」という意味。
　➡ look like ～は「～のように見える」という意味。like は前置詞。

⑨ **Sotoo adds, "Working on the Sagrada Familia made Gaudi a great architect."**
　　　　　　　　　　　　　　　　　　　　　　　　　　　　O　　　　　　C
　➡ 〈make＋O＋C〉は「O を C にする」という意味。ここでは C に名詞がきている。

⑫ **Sotoo continues to carve stone with Gaudi's will in mind.**
　　　　　　　　　　　　　　　　　　　　名詞　　　前置詞句
　➡ with は〈付帯状況〉を表す。〈with＋*A*[(代)名詞]＋状況を表す語句〉で「*A* が～の状態で」という意味。ここでは *A* に名詞が，状況を表す語句の位置に前置詞句がきている。

　　　　　　　　　　　　　　　　　　　　　　　　　　　　文法詳細 p.68 ▶

🎵 Q1. 並べかえなさい。
彼は目に涙を浮かべて話した。(eyes / with / his / he / in / spoke / tears).

──

🔑 読解のカギ Q の解答　**Q1.** He spoke with tears in his eyes(.)

📖 Grammar

G-1 現在分詞の分詞構文（付帯状況）

▶ **現在分詞の分詞構文とは**

分詞で始まる句が副詞として働き，主文の内容を補足説明することがある。このような句を分詞構文という。現在分詞の分詞構文は，付帯状況，時，理由など，いろいろな意味を表す。

付帯状況を表す現在分詞の分詞構文

① 〈同時〉「〜しながら」

I walked around the town **taking** pictures. 　（写真を撮りながら，私は町を散策した。）
　　　　　　　　　　　　現在分詞〈〜ing 形〉

= I walked around the town while I was taking pictures.

➡ 〈S + V ... 〜ing 形〉で「〜しながら，S は V する」という意味を表す。

➡ 〈同時〉の意味の〈付帯状況〉を表す場合，〜ing 形はふつう文末に置く。

② 〈動作の連続〉「〜して，そして…」

Coming into the room, she turned on the light. 　（部屋に入ると，彼女は明かりをつけた。）
　　　　 現在分詞〈〜ing 形〉

She came into the room, **turning** on the light. 　（部屋に入ると，彼女は明かりをつけた。）

= She came into the room and turned on the light.

➡ 〈〜ing 形, S + V ...〉で「〜して，そして S は V する」，〈S + V ..., 〜ing 形〉で「S は V すると，〜する」という意味を表す。

➡ 〈動作の連続〉の意味の〈付帯状況〉を表す場合，先に起きることを前に置く。

時を表す現在分詞の分詞構文

Playing soccer, he hurt his leg. 　（サッカーをしているときに，彼は脚にけがをした。）
現在分詞〈〜ing 形〉

= When[While] he was playing soccer, he hurt his leg.

➡ 〈〜ing 形, S + V ...〉で，「〜している[する]ときに S は V する」という〈時〉の意味を表す。

理由を表す現在分詞の分詞構文

Feeling sick, I went to see a doctor.
現在分詞〈〜ing 形〉

= Because[Since / As] I felt sick, I went to see a doctor.
（気分が悪かったので，私は医者に診てもらった。）

➡ 〈〜ing 形, S + V ...〉で，「〜なので S は V する」という〈理由〉の意味を表す。

G-2 過去分詞の分詞構文

▶ **過去分詞の分詞構文とは**

過去分詞の分詞構文は受動態の分詞構文〈being + 過去分詞〉の being を省略した形で，受け身の意味を表す。理由，時，付帯状況など，いろいろな意味を表す。

理由を表す過去分詞の分詞構文

Written in plain English, this book is easy to read.
過去分詞

= Because[Since / As] it is written in plain English, this book is easy to read.

（わかりやすい英語で書かれているので，この本は読みやすい。）

➡ 〈S＋V, 過去分詞 ～〉/〈過去分詞 ～, S＋V〉で「～されて［されるので］, S は V する」
という意味。

時を表す過去分詞の分詞構文

Seen from here, Mt. Fuji is most beautiful.
過去分詞

= When it is seen from here, Mt. Fuji is most beautiful.

（ここから見られるとき，富士山はいちばんきれいだ。）

➡ 〈過去分詞 ～ , S＋V〉で，「～されるときに S は V する」という〈時〉の意味を表す。

付帯状況を表す過去分詞の分詞構文

The old man got into a taxi, **assisted** by the driver.
過去分詞

（ドライバーに手助けされて，老人はタクシーに乗り込んだ。）

➡ 〈S＋V, 過去分詞 ～〉で，「～されて S は V する」という〈付帯状況〉の意味を表す。

G-3 S＋V[知覚動詞]＋O＋過去分詞

▶ **知覚動詞とは**

see や hear のように, 知覚に関する意味を表す動詞を知覚動詞という。これらの動詞は〈知
覚動詞＋O＋分詞〉の形を作ることができる。分詞が表す動作の意味上の主語になるのは
主語(S)ではなく，目的語(O)であることに注意。現在分詞が「～している」という進行
中の動作の意味を表すのに対し，過去分詞は「～される［されている］」という受け身の動
作の意味を表す。

see＋O＋過去分詞

I **saw** the book **advertised** in the paper. （私はその本が新聞で広告されているのを見かけた。）
    O   過去分詞

※ the book was advertised の関係

➡ 〈see＋O＋過去分詞〉は「O が～される［されている］のを見る」という意味を表す。
➡ O と過去分詞の間には，「O が～される［されている］」という関係が成り立つ。

see＋O＋現在分詞

I **saw** Steve **waiting** for a bus. （私はスティーブがバスを待っているのを見かけた。）
    O   現在分詞

※ Steve was waiting for a bus の関係

➡ 〈see＋O＋現在分詞〉は「O が～しているのを見る」という意味を表す。
➡ O と現在分詞の間には，「O が～している」という関係が成り立つ。

hear＋O＋過去分詞
I **heard** his name **called** in the waiting room.
　　　　　　O　　過去分詞
(私は待合室で彼の名前が呼ばれるのを聞いた。)
※ his name was called の関係

➡ 〈hear＋O＋過去分詞〉は「O が～される[されている]のを聞く」という意味を表す。
➡ O と過去分詞の間には，「O が～される[されている]」という関係が成り立つ。

hear＋O＋現在分詞
I **heard** someone **calling** his name.　(私は誰かが彼の名前を呼んでいるのを聞いた。)
　　　　　O　　現在分詞
※ someone was calling の関係

➡ 〈hear＋O＋現在分詞〉は「O が～しているのを聞く」という意味を表す。
➡ O と現在分詞の間には，「O が～している」という関係が成り立つ。

G-4 付帯状況を表すwith
▶付帯状況を表す withとは
〈with＋A[(代)名詞]＋状況を表す語句〉で「A が～の状態で」という付帯状況の意味を表す。状況を表す語句の位置には，形容詞，分詞，前置詞句などがくる。

with＋A＋形容詞
Don't talk **with** *your mouth* **full**.　(口を食べ物でいっぱいにして話してはいけません。)
　　　　　　　名詞　　形容詞
※ your mouth is full の関係

➡ 状況を表す語句の位置に形容詞がくることがある。

with＋A＋分詞
The woman was sitting **with** *her legs* **crossed**.　(その女性は脚を組んで座っていた。)
　　　　　　　　　　　名詞　　過去分詞
※ her legs were crossed の関係

➡ 状況を表す語句の位置に現在分詞や過去分詞がくることがある。

with＋A＋前置詞句
She left **with** *tears* **in her eyes**.　(彼女は目に涙を浮かべて立ち去った。)
　　　　　　名詞　　前置詞句

➡ 状況を表す語句の位置に前置詞句がくることがある。

📎 Finish Up! ❗ヒント

1. 「所在地：(　　　)，スペイン」名詞が入る。(📖 p.82, $\ell\ell$.1 ~ 2)
2. 「建設資金：(　　　)と入場料」名詞が入る。(📖 p.82, $\ell\ell$.4 ~ 5)
3. 「特徴：それは(　　　)教会だ。」形容詞が入る。(📖 p.82, $\ell\ell$.1 ~ 2)
4. 「その(　　　)は森のように見える。」名詞が入る。(📖 p.88, $\ell\ell$.10 ~ 11)
5. 「設計者の考え：彼は私たちを(　　　)にしてくれる何かを作りたかった。」形容詞が入る。
   (📖 p.88, $\ell\ell$.4 ~ 6)
6. 「ガウディはスペインの(　　　)で生まれた。」名詞が入る。(📖 p.82, ℓ.11)
7. 「ガウディは(　　　)建築家の地位を引き継いだ。」名詞が入る。(📖 p.82, $\ell\ell$.7 ~ 8)
8. 「外尾さんはサグラダ・ファミリアを訪れ，石を彫りたいという(　　　)を覚えた。」
   名詞が入る。(📖 p.86, $\ell\ell$.5 ~ 7, $\ell\ell$.10 ~ 12)
9. 「彼は彫刻家として(　　　)。」動詞が入る。(📖 p.86, $\ell\ell$.13 ~ 15)
10. 「それが 2026 年に完成されるだろうということが(　　　)。」動詞が入る。
    (📖 p.84, $\ell\ell$.11 ~ 12)

🔗 OUTPUT ❗ヒント

Listen
Risa
Details：・「それは約(　　　)年間(　　　)中であるが，まだ(　　　)ない。」
　　　　　・「その(　　　)は少し(　　　)だが，とても魅力的である。」

Daisuke
Details：・「彼の石を(　　　)に対する強い(　　　)が，彼をサグラダ・ファミリアに(　　　)
　　　　　と思う。」
　　　　　・「私は彼を(　　　)，なぜなら彼はキリストの塔の(　　　)者だからだ。」

Write & Speak
例 I was impressed by the Great Buddha of Todaiji Temple in Nara Prefecture. It was built more than 1,200 years ago, and it is about 15 meters tall. It looks so big and beautiful. It was damaged by fire twice, but restored each time. It was designated as a World Heritage Site in 1998. I hope it will be preserved for future generations.

Interact
例
the Great Buddha of Todaiji Temple
Details:
It was built more than 1,200 years ago, and it is about 15 meters tall.
It was designated as a World Heritage Site in 1998.
Questions:
Do you know why it was built?

📝 定期テスト予想問題　　　解答 ➡ p.170

1 日本語に合うように，＿＿に適切な語を入れなさい。
 (1) トムは父の事業を引き継いだ。
　　Tom ＿＿＿＿＿＿ ＿＿＿＿＿＿ his father's business.
 (2) 私の兄はコンピューター科学を専攻している。
　　My brother ＿＿＿＿＿＿ ＿＿＿＿＿＿ computer science.
 (3) 私は今，歴史のレポートに取り組んでいる。
　　I'm ＿＿＿＿＿＿ ＿＿＿＿＿＿ my history report now.
 (4) その女性は教育に人生をささげるだろう。
　　The woman will ＿＿＿＿＿＿ her life ＿＿＿＿＿＿ education.

2 日本語に合うように，（ ）内の語のうち，適切なものを選びなさい。
 (1) 私たちはその男が病院に運ばれるのを見た。
　　We saw the man (carry, carrying, carried) to the hospital.
 (2) 飛行機から見ると，その島はクマのように見える。
　　(See, Seeing, Seen) from the plane, the island looks like a bear.
 (3) 教科書を閉じて，私の質問に答えなさい。
　　Answer my questions with your textbook (close, closing, closed).

3 日本語に合うように，（ ）内の語句を並べかえなさい。
 (1) 彼女は音楽を聞きながら宿題をした。
　　(did / music / homework / she / to / her / listening).
　　_____.
 (2) 彼は歌がピアノで演奏されるのを聞いた。
　　(heard / played / the piano / he / a song / on).
　　_____.
 (3) その少女は本を手に持って眠っていた。
　　(was / hand / with / in / the girl / a book / sleeping / her).
　　_____.

4 次の英語を日本語にしなさい。
 (1) Walking on the street, I found the wallet.
　　(　　　　　　　　　　　　　　　　　　　)
 (2) Made of paper, this box is very light.
　　(　　　　　　　　　　　　　　　　　　　)
 (3) She looked happy surrounded by the children.
　　(　　　　　　　　　　　　　　　　　　　)

5 次の英文を読んで，あとの問いに答えなさい。

　After Gaudi's death, however, Gaudi's designs and models were no longer used. They were burned or lost in the Spanish Civil War. Instead, Gaudi's pupils drew the designs, ①(think) of what Gaudi had told them. ②Still now, the builders (had / are / Gaudi / to / in / imagine / trying / mind / what).

　In 2013, it was announced that the church would be ③(complete) in 2026. ④It will be 100 years after Gaudi's death. ⑤The builders are increasing the pace of its construction, helped by advanced technology and more funds.

(1) 下線部①③の(　)内の語を適切な形に書きかえなさい。
　　①　＿＿＿＿＿＿＿　　③　＿＿＿＿＿＿＿
(2) 下線部②が「今でもなお，建設者たちはガウディが考えていたことを想像しようとしている。」という意味になるように，(　)内の語を並べかえなさい。
　　Still now, the builders ＿＿＿＿＿＿＿＿＿＿＿＿＿＿＿.
(3) 下線部④の It は何を指しているか，文中の１語で答えなさい。
　　＿＿＿＿＿＿＿
(4) 下線部⑤の英語を日本語に訳しなさい。
　　(　　　　　　　　　　　　　　　　　　　)
(5) 次の質問に英語で答えなさい。
　　Why were Gaudi's designs and models no longer used after his death?
　　＿＿＿＿＿＿＿＿＿＿＿＿＿＿＿＿＿＿＿＿

6 次の英文を読んで，あとの問いに答えなさい。

　After visiting Paris, Sotoo ①(　　)(　　)(　　) on a train to Barcelona. ②He visited the Sagrada Familia, and saw a lot of stones piled up there. Suddenly, he felt the impulse again. ③He repeatedly (to / asked / him / the head architect / carve / let). Finally, Sotoo was accepted as a sculptor of the Sagrada Familia.

(1) 下線部①が「たまたまバルセロナ行きの電車に乗った」という意味になるように，(　)に適切な語を入れなさい。
　　＿＿＿＿＿＿　＿＿＿＿＿＿　＿＿＿＿＿＿ on a train to Barcelona
(2) 下線部②の英語を日本語に訳しなさい。
　　(　　　　　　　　　　　　　　　　　　　)
(3) 下線部③が「彼は何度も主任建築家に彫らせてくれるように頼んだ。」という意味になるように，(　)内の語句を並べかえなさい。
　　He repeatedly ＿＿＿＿＿＿＿＿＿＿＿＿＿＿.

Lesson 6 Edo: A Sustainable Society

PART ①

ポイント 持続可能な社会とはどのようなものでしょうか。

① Today, / many countries are taking actions / to achieve the "Sustainable
今日 / 多くの国が行動を起こしている / 「持続可能な開発目標（SDGs）」を

Development Goals (SDGs)" / by 2030. // ② They are trying to realize a society /
達成しようと / 2030 年までに // それらは社会を実現しようとしている /

in which people can continue to live / without damaging the environment. // ③ It is
人々が生き続けることができる / 環境を傷つけずに // それは

called a sustainable society. // ④ Surprisingly, / people in the Edo period (1603–
持続可能な社会と呼ばれる // 驚いたことに / 江戸時代（1603 ～ 1867 年）の人々は

1867) / actually achieved such a society. //
/ 実際にそのような社会を実現した //

⑤ At that time, / clothes were very precious and expensive. // ⑥ Ordinary people
当時 / 服はとても貴重で高価だった // 普通の人々は

bought old clothes / or recycled their clothes. // ⑦ Worn-out clothes were reused
古着を買った / または自分の服を再生利用した // すり切れた服は床ふき用のぞうきんとして

as floor cloths, / and finally burned to make ash. // ⑧ Even that ash was used /
再使用された / そして最後には燃やして灰にされた // その灰でさえ使われた /

as fertilizer, / in dyes, / and in detergent. //
肥料として / 染料に / そして洗剤に //

⑨ As for paper, / people used it many times / and then made it into recycled
紙について言えば / 人々はそれを何度も使用した / それからそれを再生紙に

paper. // ⑩ Printed paper, / on the other hand, / was passed on / for generations. //
した // 印刷された紙は / 一方 / 受け継がれた / 何世代にも渡って //

⑪ One math textbook in a *terakoya* / was used over 100 years. //
「寺子屋」にあった 1 冊の算術の教科書は / 100 年以上使われた //

✓ 単語・熟語チェック

☐ sustainable	形 持続可能な	☐ cloth	名 布
☐ take actions	熟 行動を起こす	☐ ash	名 灰
☐ development	名 開発	☐ fertilizer	名 肥料
☐ ordinary	形 普通の	☐ dye	名 染料
☐ recycle	動 ～をリサイクル[再生利用]する	☐ detergent	名 洗剤
☐ worn-out	形 すり切れた	☐ as for ～	熟 ～について言えば
☐ reuse	動 ～を再使用する	☐ print	動 ～を印刷する

✔ **Check Up!** ヒント

1. What kind of society did people in the Edo period achieve?
（江戸時代の人々はどのような種類の社会を実現しましたか。）　→本文②③④

2. How did people in the Edo period use ash?
（江戸時代の人々は灰をどのように用いましたか。）　→本文⑧

3. Was printed paper recycled in the Edo period?
（印刷された紙は江戸時代に再生利用されましたか。）　→本文⑩

Sum Up! ヒント

江戸時代の人々は（　　）社会を実現した。その時代，人々は自分の服を（　　），それから最後にはそれらを燃やして（　　）にした。彼らはその灰を（　　）として，あるいは染料，洗剤に用いることさえした。彼らはまた，紙を再生利用する一方で，（　　）紙は何世代にも渡って受け継がれた。

読解のカギ

① **Today, many countries are** taking actions **to achieve the "Sustainable Development Goals (SDGs)" by 2030.**
➡ take actions は「行動を起こす」という意味を表す。
➡ by はここでは「～までに」という意味を表す。

② **They are trying to realize a society** in which **people can continue to live without**
先行詞(物)　　　　　　　　前置詞＋関係代名詞
damaging the environment.
➡ in which ... the environment は，〈物〉を表す先行詞 a society を修飾する関係代名詞節。in which は〈前置詞＋関係代名詞〉の形で，節の中で関係代名詞 which が前置詞 in の目的語の働きをしている。　　文法詳細 p.80

Q1. 日本語にしなさい。
I went back to the town in which I was born.
（　　　　　　　　　　　　　　　　　　　　　　　）

④ **..., people in the Edo period (1603-1867) actually achieved such a society.**
➡ such a society は②の a society ... the environment, ③の a sustainable society を指す。

⑨ **As for paper, people used it many times and then made it into recycled paper.**
➡ as for ～は「～について言えば」という意味。
➡ 2つの it は文の最初にある paper を指す。
➡ make A into B は「A[材料]を B[製品]に加工する」という意味。

⑩ **Printed paper, on the other hand, was passed on for generations.**
➡ on the other hand は「一方，他方」という意味。
➡ pass on ～は「～を伝える」という意味。ここでは受動態になっている。
➡ for generations は「何世代にも渡って」という意味。

読解のカギ Q の解答　**Q1.** 私は自分が生まれた町に戻った。

PART ❷

ポイント 江戸時代に普通の生活の一部としてどのようなことが行われていたのでしょうか。

① In the Edo period, / people never threw away household items / when they
江戸時代には　/　　人々は決して家財道具を捨てなかった　/　　それらが

were broken. // ② People usually had them repaired / by specialists. // ③ For
壊れたときに　//　人々はたいていそれらを修理してもらった /　専門家たちに　// たとえば

example, / broken dishes and bowls were fixed with glue / by ceramic repairers. //
　/　割れた皿やどんぶりは接着剤で修理された　/　陶器の修理業者によって //

④ You may be surprised to know / that people even recycled human waste. //
あなたは知って驚くかもしれない /人々が人糞(人間の排泄物)さえも再生利用したことを//

⑤ In those days, / human waste was the most important fertilizer / for farmers. //
当時　/　　人糞は最も大切な肥料だった　　/　農民にとって //

⑥ Farmers visited homes / to collect it. // ⑦ They paid money for it / or offered
農民は民家を訪問した　/それを集めるために //彼らはそれに対してお金を払った /　または

vegetables in return. // ⑧ Later, / human waste dealers appeared. // ⑨ They
お返しに野菜を提供した　//　のちに /　人糞の販売業者が現れた　//　彼らは

bought human waste / from people in the cities, / and then sold it to farmers. //
人糞を買い取った　/　町の住民から　/ そしてそれからそれを農民に売った //

⑩ In this way, / recycling was practiced / as a normal part of life. // ⑪ Moreover, /
このように /　再生利用は実践された　/ 普通の生活の一部として　//　さらに /

recycling created many kinds of jobs. // ⑫ It is said / that there were few people
再生利用は多くの種類の仕事を創出した　//　言われている/　仕事のない人はほとんど

without jobs / in the Edo period. //
いなかったと /　江戸時代には //

単語・熟語チェック

normal	形 普通の	glue	名 接着剤, のり
throw	動 ～を投げる	ceramic	形 陶器の
threw	動 throw の過去形	repairer	名 修理業者
throw away ~	熟 ～を捨てる	waste	名 廃泄物
household	形 家族の, 家庭の	pay	動 ～を支払う
item	名 道具	paid	動 pay の過去形・過去分詞
break	動 ～を壊す	in return	熟 お返しに
broken	動 break の過去分詞	dealer	名 販売業者
repair	動 ～を修理する	sell	動 ～を売る
specialist	名 専門家	sold	動 sell の過去形・過去分詞
bowl	名 どんぶり, ボウル	recycling	名 リサイクル, 再生利用
fix	動 ～を修理する		

✓ Check Up! ヒント

1. What did people in the Edo period do when household items were broken?
（江戸時代の人々は家財道具が壊れたとき何をしましたか。）　→本文①②

2. Who visited homes to collect human waste?
（誰が人糞を集めるために民家を訪問しましたか。）　→本文⑥⑧

3. Why were there few people without jobs in the Edo period?
（江戸時代にはなぜ仕事のない人はほとんどいなかったのですか。）　→本文⑪⑫

📖 Sum Up! ヒント

江戸時代には，人々は壊れた家財道具を決して（　　）なかった。彼らはそれらを専門家に（　　）もらった。彼らは人糞さえも肥料として再生利用した。農民はそれを集めるために民家を訪問し，のちに，人糞の（　　）が現れた。このように，（　　）は多くの種類の仕事を創出した。したがって，当時仕事のない人は（　　）かった。

🔑 読解のカギ

① **In the Edo period, people never threw away household items when they were broken.**
➡ throw away ～は「～を捨てる」という意味。threw は throw の過去形。

② **People usually had them repaired by specialists.**
　　　　　　　　　　　O　　過去分詞
➡ have は使役動詞。〈have＋O＋過去分詞〉で「Oを～してもらう」という意味。Oにくる them が，過去分詞 repaired の意味上の主語となる。　　文法詳細 p.81

� Q1. ＿＿＿ を埋めなさい。

私はスマートフォンを修理してもらうためにお店に持っていった。
I took my smartphone to the shop to ＿＿＿＿＿＿ it ＿＿＿＿＿＿.

④ **You may be surprised to know that people even recycled human waste.**
➡ be surprised to *do* は「～して驚く」という意味。to know は surprised という形容詞の〈感情の原因〉を表す副詞的用法の不定詞。

⑥ **Farmers visited homes to collect it.**
➡ to collect は「～するために」という動作の〈目的〉を表す副詞的用法の不定詞。

⑦ **They paid money for it or offered vegetables in return.**
➡ pay *A* for *B* は「*B*[品物]に対して*A*[代金]を払う」という意味。
➡ in return は「お返しに」という意味。

⑫ **It is said that there were few people without jobs in the Edo period.**
➡ 〈it is said that＋S'＋V'〉は「S'はV'だと言われている」という意味。

🔑 読解のカギ Q の解答　**Q1.** have[get], repaired[fixed]

PART ❸

┌ ✐ポイント　江戸時代にリサイクルに基づいた社会はどのように日本を変えたのでしょうか。

① Such a recycling-based society / must have had a good influence on Japan. //
そのようなリサイクルに基づいた社会は /　　日本によい影響を与えたにちがいない　//

② In fact, / the environment and people's lives / improved dramatically / in the Edo
実際 /　　　環境と人々の生活は　　/　　劇的に改善した　/　江戸時代

period. //
には　//

③ At the beginning of the Edo period, / many trees were cut down for timber. //
　江戸時代の初めに　/　たくさんの木が材木用に切り倒された　//

④ As a result, / many floods occurred / and large areas were destroyed. // ⑤ The
その結果 /　多くの洪水が起こった /　そして広い地域が破壊された　//　環境は

environment was damaged / and Japan was unable to produce more food / for a
傷つけられた /そして日本はより多くの食糧を生産することができなかった / 増大する

growing population. //
人口に対して　//

⑥ However, / two hundred years later / in the late Edo period, / the deforestation
しかし /　200年後　/　江戸時代後期には /　森林破壊は

was stopped / thanks to the recycling-based society. // ⑦ Forests came to life again /
止められた /　リサイクルに基づいた社会のおかげで　//　森は再び生き返った /

and floods decreased. // ⑧ Farmland was extended / to grow more crops / and the
そして洪水は減少した //　農地は広げられた / より多くの農物を育てるために /

population increased / by two and a half times. // ⑨ People's living standards rose /
そして人口は増加した /　2.5倍に　//　人々の生活水準は向上した /

and they became healthier. //
そして彼らはより健康になった //

✓ 単語・熟語チェック

recycling-based	形 リサイクルに基づいた	decrease	動 減少する
dramatically	副 劇的に	farmland	名 農地
at the beginning of ~	熟 ~の初めに	extend	動 ~を拡張する
timber	名 材木	by two and a half times	熟 2.5倍に
flood	名 洪水	standard	名 水準, 基準
growing	形 増大する	living standard	熟 生活水準
population	名 人口	rise	動 上がる, 増す
deforestation	名 森林破壊	rose	動 rise の過去形
come to life	熟 生き返る		

✅ **Check Up!** ヒント

1. What improved dramatically in the recycling-based society in the Edo period?
（江戸時代のリサイクルに基づいた社会において，何が劇的に改善しましたか。）　→本文②

2. At the beginning of the Edo period, why did many floods occur?
（江戸時代の初めに，なぜ多くの洪水が起こりましたか。）　→本文③④

3. In the late Edo period, why did the population increase by two and a half times?
（江戸時代後期には，なぜ人口が2.5倍に増加しましたか。）　→本文⑥⑦⑧

📖 **Sum Up!** ヒント

江戸時代のリサイクルに基づいた社会は（　　）と人々の生活を改善した。初めは，たくさんの木が切り倒され，多くの（　　）が起こった。日本は十分な食糧を生産することが（　　）。しかし，200年後，森林破壊は止められ，農地は広げられた。（　　）は増加し，人々の生活（　　）は向上した。

🔑 **読解のカギ**

① **Such a recycling-based society <u>must have had</u> a good influence on Japan.**
　　　　　　　　　　　　　　　　　　must + have +過去分詞

➡ must have had は，過去のことについて現在から推量する表現。〈must＋have＋過去分詞〉で「～した[だった]にちがいない」という意味。　文法詳細 pp.81~82

🔑 **Q1.** ＿＿ を埋めなさい。

彼は忙しかったにちがいない。　He ＿＿＿＿＿ ＿＿＿＿＿ been busy.

③ **At the beginning of the Edo period, many trees were cut down for timber.**
➡ at the beginning of ～は「～の初めに」という意味。
➡ cut down は「(木)を切り倒す」という意味。

④ **As a result, many floods occurred and large areas were destroyed.**
➡ as a result は「その結果」という意味。ここでは，③の内容の結果を示している。

⑤ **The environment was damaged and Japan was unable to produce more food for a growing population.**
➡ be unable to *do* は「～できない」という意味。

⑦ **Forests came to life again and floods decreased.**
➡ come to life は「生き返る」という意味。

⑧ **Farmland was extended to grow more crops and the population increased by two and a half times.**
➡ to grow は「～するために」という動作の〈目的〉を表す副詞的用法の不定詞。
➡ by two and a half times は「2.5倍に」という意味。～ times は倍数を表す表現。

🔑 **読解のカギ** Q の解答　**Q1.** must have

PART ④

ポイント 江戸時代にリサイクルに基づいた社会をそれほど成功させたのは何でしょうか。

① Why was the recycling-based society / in the Edo period / so successful? //
リサイクルに基づいた社会はなぜ~だったのか / 江戸時代の / それほど成功した //

② In those days, / people could not import things / because of the national isolation
当時 / 人々は物を輸入することができなかった / 国家的な孤立政策（鎖国）の

policy. // ③ The goods and materials in the country / were very limited. //
ために // 国内の品物や原料は / 非常に限られていた //

④ People had to recycle / what they had. // ⑤ Everything was treated / as a
人々は再生利用する必要があった / 彼らが持っている物を // あらゆる物が扱われた / 貴重な

valuable resource. //
資源として //

⑥ In addition, / the mentality of the people / seems to have played an important
さらに / 人々の物の見方が / 重要な役割を果たしていた

role. // ⑦ They respected modesty / and hated to waste things. // ⑧ They
ようだ // 彼らは謙虚さを尊重した / そして物を浪費することをひどく嫌った // 彼らは

understood how nature works / and knew its limits, / and found satisfaction in their
自然がどのように作用するのかを理解していた / そしてその限界を知っていた / そして彼らの質素な生活に

simple lives. // ⑨ They took just enough from nature / and did not take more. //
満足を見出した // 彼らは自然から必要なだけを取った / そしてそれ以上は取らなかった //

⑩ This idea of "just enough is enough" / is kept alive in the word "*mottainai*" / or
この「必要なだけで十分（足るを知る）」という考え方は /「もったいない」という言葉の中に生かされている /

"what a waste." //
つまり"what a waste"という //

単語・熟語チェック

□ isolation	名 孤立	□ resource	名 資源
□ policy	名 政策，方針	□ addition	名 追加，付加
□ goods	名 品物	□ in addition	熟 さらに
□ limit	動 ~を限定する	□ mentality	名 精神構造，物の見方
□ treat	動 ~を扱う	□ modesty	名 謙虚さ，謙遜
□ treat A as B	熟 A を B として扱う	□ hate	動 ~をひどく嫌う
□ valuable	形 貴重な	□ satisfaction	名 満足

Check Up! ヒント

1. Why were goods and materials very limited in the Edo period?
（江戸時代には，なぜ品物や原料は非常に限られていましたか。） →本文②③

2. What did the people in the Edo period respect and what did they hate to do?
（江戸時代の人々は何を尊重し，何をすることをひどく嫌いましたか。） →本文⑦

3. What did people in the Edo period understand and know about nature?
（江戸時代の人々は自然について何を理解し，知っていましたか。）　→本文⑧

📖 **Sum Up!** ヒント

江戸時代のリサイクルに基づいた社会をそれほど（　　）させたのは何か。1つの理由は，国家的な孤立（　　）のために，人々は持っている物を再生利用する必要があったということだった。もう1つの理由は，人々の（　　）だった。彼らは（　　）を尊重し，物を浪費することをひどく嫌った。彼らは自然がどのように作用するのかを理解し，その（　　）を知っていた。

🔑 **読解のカギ**

④ **People had to recycle what they had.**
➡ what they had は関係代名詞 what が導く節で，recycle の目的語になっている。

⑤ **Everything was treated as a valuable resource.**
➡ treat A as B は「A を B として扱う」という意味。ここでは受動態になっている。

⑥ **In addition, the mentality of the people seems to have played an important role.**
完了形の不定詞(to have ＋過去分詞)
➡ in addition は「さらに」という意味。②〜⑤には，江戸時代のリサイクルに基づいた社会が成功した1つ目の理由が，⑥〜⑨には，それに加えて，2つ目の理由が述べられている。
➡ seem to do「〜するようである」に to have played という完了形の不定詞が使われている。〈seem to have＋動詞の過去分詞〉で「〜したようである」という意味。不定詞が表す時が seems が表す時よりも前なので，完了形になっている。　文法詳細 p.82 ▶

🔑 **Q1.** ＿＿＿ を埋めなさい。
彼女は事実を知っていたようである。
She seems ＿＿＿＿＿＿ ＿＿＿＿＿＿ ＿＿＿＿＿＿ the truth.

⑦ **They respected modesty and hated to waste things.**
➡ hate to do は「〜することをひどく嫌う」という意味。

⑧ **They understood how nature works and knew its limits, and found satisfaction**
S　　V　　O(間接疑問文)
in their simple lives.
➡ how nature works は間接疑問文で，understood の目的語。
➡ its の it は nature を指す。limit はここでは「限界」という意味の名詞。

⑩ **This idea of "just enough is enough" is kept alive in the word "mottainai" or "what a waste."**
➡ keep A alive は「A を生かしておく」という意味。ここでは受動態になっている。

🔑 読解のカギ Q の解答　**Q1.** to have known

📖 Grammar

G-1 前置詞＋関係代名詞

▶〈前置詞＋関係代名詞〉とは

先行詞が前置詞の目的語になる場合，関係代名詞は目的格を使う。前置詞は関係代名詞が導く節の最後に置かれることが多いが，前置詞が関係代名詞の前に出て，〈前置詞＋関係代名詞〉の形になることもある。この形をとる関係代名詞は which と whom だけで，省略することはできない。

先行詞が〈物〉

The hotel was wonderful. ＋ We stayed at[in] the hotel.[＝ We stayed there.]
A[名詞]　　　　　　　　　　　　　　　　　　前置詞の目的語

→ The hotel at[in] which we stayed was wonderful.
　先行詞 └─────┘ 前置詞＋目的格の関係代名詞

＝ The hotel 〈which[that]〉 we stayed at[in] was wonderful.
　先行詞 └─────┘ 目的格の関係代名詞　　　前置詞

＝ The hotel where we stayed was wonderful. （私たちが泊まったホテルはすばらしかった。）
　先行詞 └─────┘ 関係副詞

➡ 〈*A*[名詞]＋in[at] which＋S＋V〉で「(その中で)SがVする*A*」という意味を表す。この場合，that を使うことはできない。また，関係代名詞は省略することができない。

➡ 前置詞を後ろに置くと that も使うことができ，関係代名詞を省略することもできる。

➡ 最初の文の at[in] the hotel は there に置きかえることができる。このような場合，at[in] which は関係副詞の where に置きかえることができる。

The shop about which you told me is closed today.
先行詞 └─────┘ 前置詞＋目的格の関係代名詞

＝ The shop 〈which[that]〉 you told me about is closed today.
　先行詞 └─────┘ 目的格の関係代名詞　　　前置詞

（あなたが私に教えてくれた店は今日閉まっている。）

➡ at や in 以外のさまざまな前置詞でも〈*A*[名詞]＋前置詞＋which＋S＋V〉の形をとることができる。使われる前置詞は意味によって変わるが，必ず関係代名詞節の中に含まれる。

先行詞が〈人〉

Who is the girl with whom he is talking?
　先行詞 └─────┘ 前置詞＋目的格の関係代名詞

＝ Who is the girl 〈who[that, whom]〉 he is talking with?
　先行詞 └─────┘ 目的格の関係代名詞　　　　　　前置詞

（彼が話している女の子はだれですか。）

➡ 先行詞が〈人〉のとき，先行詞のあとに〈前置詞＋whom＋S＋V ～〉を続ける。

➡ 〈前置詞＋関係代名詞〉の形では，who や that は使えず，関係代名詞は省略できない。

➡ 前置詞があとにくる場合，who や that を使うこともでき，関係代名詞は省略できる。

G-2 S＋V[使役動詞]＋O＋過去分詞

▶**使役動詞とは**

make, have, let のように，相手に「〜させる」という意味を表す動詞を使役動詞といい，get も使役動詞の１つである。have, get, make は〈S＋V[使役動詞]＋O＋過去分詞〉の形を作ることができる。過去分詞が表す動作をしてもらおうとする意志が主語にある場合は「O を〜してもらう」という〈使役〉の意味を，ない場合は「O を〜される」という〈被害〉の意味を表す。let にはこの用法はない。

使役を表すhave[get]＋O＋過去分詞

She had[got] her hair cut.　（彼女は髪を切ってもらった。）
　　　　　　　　O　　過去分詞

※ her hair was cut の関係

➡ 〈have[get]＋O＋過去分詞〉は「O を〜してもらう」という〈使役〉の意味を表す。
➡ O と過去分詞の間には，「O が〜される[されている]」という関係が成り立つ。

被害を表すhave[get]＋O＋過去分詞

She had[got] her bag stolen.　（彼女はバッグを盗まれた。）
　　　　　　　　O　　過去分詞

※ her bag was stolen の関係

➡ 〈have[get]＋O＋過去分詞〉は「O を〜される」という〈被害〉の意味を表す。
➡ O と過去分詞の間には，「O が〜される[されている]」という関係が成り立つ。

make＋O＋過去分詞

I can make myself understood in English.
　　　　　　O　　　過去分詞

（私は英語で自分の言いたいことを理解してもらえる
[←自分のことを理解されるようにすることができる]。）

➡ 〈make＋O＋過去分詞〉は「O を〜されるようにする」という意味を表す。

G-3 助動詞＋have＋過去分詞

▶〈**助動詞＋have＋過去分詞**〉とは

過去のことについて，現在の視点から推量するときは〈助動詞＋have＋過去分詞〉の形を使う。助動詞によって，さまざまな意味を表す。

may＋have＋過去分詞

I may have left the key at home.
　may ＋ have ＋過去分詞

（私は家に鍵を置き忘れたのかもしれない。）

➡ 〈may＋have＋過去分詞〉は「〜した[だった]かもしれない」という意味を表す。

can't＋have＋過去分詞

She **can't have made** such a mistake.
　　can't + have +過去分詞

(彼女がそんな間違いをしたはずがない。)

➡〈can't＋have＋過去分詞〉は「～した［だった］はずがない」という意味を表す。

must＋have＋過去分詞

They **must have enjoyed** their holidays.
　　must + have +過去分詞

(彼らは休暇を楽しんだにちがいない。)

➡〈must＋have＋過去分詞〉は「～した［だった］にちがいない」という意味を表す。

G-4 完了形の不定詞

▶完了形の不定詞とは

不定詞が表す時が，文の述語動詞が表す時より前の場合，完了形の不定詞を使う。完了形の不定詞は，〈to have＋過去分詞〉の形になる。

seem to have＋動詞の過去分詞

　　　　　　　　　　　述語動詞より前の時　　　　　　　　　述語動詞より前の時
He seems **to have been** ill. = It seems that he **was** ill.　(彼は病気だったようだ。)
　　現在形　to have ＋過去分詞　　　現在形　　　　過去形

cf. He seems **to be** ill. = It seems that he **is** ill.　(彼は病気であるようだ。)
　　　　現在形　to ＋動詞の原形　現在形　　　　　現在形　　　┗同じ時┛

➡「(過去に)病気だったように(今)見える」という意味を表す場合，seem to have been ill と表す。〈seem to have＋動詞の過去分詞〉は〈継続〉，〈経験〉，〈完了〉など完了形の意味で使われることもあり，意味は文脈で判断する。

　　　　　　　　　　　述語動詞より前の時　　　　　　　　　述語動詞より前の時
He seemed **to have been** ill. = It seemed that he **had been** ill.
　　過去形　to have ＋過去分詞　　　過去形　　　had ＋過去分詞(過去完了形)
(彼は病気だったようだった。)

➡「(過去のある時点より以前に)病気だったように(そのとき)見えた」という意味を表す場合, seemed to have been ill と表す。〈seemed to have＋動詞の過去分詞〉も〈had＋過去分詞〉と同様に〈継続〉,〈経験〉,〈完了〉など完了形の意味で使われることがあり，意味は文脈で判断する。

感情を表す形容詞＋to have＋過去分詞

I am sorry **to have troubled** you.　(ご迷惑をおかけしてしまって申し訳ありません。)
　　現在形　　to have ＋過去分詞

➡ sorry to have troubled you は「(過去に)ご迷惑をおかけしてしまって(今)申し訳ありません」という意味を表す。感情の原因を表す副詞的用法のto不定詞となっている。

🖉 Finish Up! ❗ヒント

1.「床ふき用の（　　）」名詞が入る。（教 p.98, ℓℓ.10 ～ 12）
2.「肥料，染料に，（　　）に」名詞が入る。（教 p.98, ℓℓ.12 ～ 13）
3.「人間の（　　）→肥料」名詞が入る。（教 p.100, ℓ.7 ～ 9）
4.「（　　）は止められ，森は再び生き返った。」名詞が入る。（教 p.102, ℓℓ.10 ～ 13）
5.「より多くの農作物を育てるために（　　）は広げられた。」名詞が入る。
　　（教 p.102, ℓℓ.13 ～ 15）
6.「（　　）は 2.5 倍に増加した。」名詞が入る。（教 p.102, ℓℓ.13 ～ 15）
7.「再生利用は多くの種類の（　　）を創出した。」名詞が入る。（教 p.100, ℓℓ.15 ～ 16）
8.「国家的な（　　）政策：国内の品物や原料が非常に限られていたので，人々は持ってい
　　る物を再生利用しなければならなかった。」名詞が入る。（教 p.104, ℓℓ.2 ～ 6）
9, 10.「人々の（　　）：人々は（　　）を尊重し，物を浪費することをひどく嫌った。」
　　どちらも名詞が入る。（教 p.104, ℓℓ.8 ～ 10）

▶ OUTPUT ❗ヒント

Listen
Risa
Details: ・「（　　）をみがいている間，（　　）を流し（　　）にする人もいる。」
　　　　　・「日本人は世界の（　　）の（　　）の量の（　　）を使っている。」
Daisuke
Details: ・「レストランで（　　）を（　　）人が多く，そしてそれはすべて（　　）られる。」
　　　　　・「私たちはそれをすべて（　　）べきだ。」

Write & Speak
例 I think we waste a lot of plastic. For example, everything sold at shops and supermarkets is wrapped in plastic here in Japan. It is a waste of resources. Moreover, plastic waste we throw away is damaging the environment now. Manufacturers and sellers should try to reduce the amount of packaging. Buyers should say no to unnecessary packaging. We all should try to reduce plastic waste to help preserve resources and the environment.

Interact
例
Details:
・We are wasting plastic.
・It is a waste of resources, and bad for the environment.
・We all should try to reduce plastic waste.
Questions:
Why is plastic waste damaging the environment?

📝 定期テスト予想問題　　解答 ➡ p.171

1 日本語に合うように，＿＿に適切な語を入れなさい。
(1) 状況を改善するために私たちは行動を起こすべきだ。
We should ＿＿＿＿＿ ＿＿＿＿＿ to improve the situation.
(2) 春が来て，木々は再び生き返った。
The trees came ＿＿＿＿＿ ＿＿＿＿＿ again when spring came.
(3) 彼は私の言葉を冗談として扱った。
He ＿＿＿＿＿ my words ＿＿＿＿＿ a joke.
(4) 私はシャツを買った。さらに帽子も買った。
I bought a shirt. ＿＿＿＿＿ ＿＿＿＿＿, I bought a cap.

2 日本語に合うように，（ ）内の語句のうち，適切なものを選びなさい。
(1) これが私があなたに話した本だ。
This is the book about (who, whom, which, that) I told you.
(2) 私たちはその橋の上で写真を撮ってもらった。
We got our picture (take, taking, taken, to take) on the bridge.
(3) 彼女は森で迷ったようだった。
She seemed to (lost, losing, have lose, have lost) her way in the forest.

3 日本語に合うように，（ ）内の語句を並べかえなさい。
(1) 数学は彼らが興味を持っている教科だ。
(are / the subject / math / in / they / which / is) interested.
＿＿＿＿＿＿＿＿＿＿＿＿＿＿＿ interested.
(2) 私の息子はかぜをひいたかもしれない。
(have / a cold / may / caught / my son).
＿＿＿＿＿＿＿＿＿＿＿＿＿＿＿.
(3) 私は彼女から手紙を受け取ってうれしい。
(a letter / am / received / her / to / I / from / glad / have).
＿＿＿＿＿＿＿＿＿＿＿＿＿＿＿.

4 次の英語を日本語にしなさい。
(1) He had his passport stolen in London.
(　　　　　　　　　　　　　　　)
(2) She can't have written this report by herself.
(　　　　　　　　　　　　　　　)
(3) My mother seems to have left home at six.
(　　　　　　　　　　　　　　　)

5 次の英文を読んで，あとの問いに答えなさい。

In the Edo period, people never ①(throw) away household items when they were ②(break). ③People usually had them repaired by specialists. For example, ②(break) dishes and bowls were fixed with glue by ceramic repairers.

You may be surprised to know that people even recycled human waste. In those days, human waste was the most important fertilizer for farmers. Farmers visited homes to collect ④it. They ⑤(pay) money for it or offered vegetables ⑥( )( ). Later, human waste dealers appeared. They bought human waste from people in the cities, and then sold it to farmers.

(1) 下線部①②⑤の（ ）内の語を適切な形に書きかえなさい。
　① ＿＿＿＿＿＿＿　② ＿＿＿＿＿＿＿　⑤ ＿＿＿＿＿＿＿
(2) 下線部③の英語を日本語に訳しなさい。
　(　　　　　　　　　　　　　　　　　　　　　)
(3) 下線部④の it は何を指しているか，２語の英語で答えなさい。
　＿＿＿＿＿＿＿ ＿＿＿＿＿＿＿
(4) 下線部⑥が「お返しに」という意味になるように，（ ）に適切な語を入れなさい。
　＿＿＿＿＿＿＿ ＿＿＿＿＿＿＿
(5) 次の質問に英語で答えなさい。
　What did human waste dealers do in the Edo period?
　＿＿＿＿＿＿＿＿＿＿＿＿＿＿＿＿＿＿＿＿＿＿＿

6 次の英文を読んで，あとの問いに答えなさい。

①Such a recycling-based society must have had a good influence on Japan. In fact, the environment and people's lives improved dramatically in the Edo period.

At the beginning of the Edo period, many trees were cut down for timber. As a result, many floods occurred and large areas were destroyed. The environment was damaged and Japan was unable to produce more food for a growing population.

(1) 下線部①の英語を日本語に訳しなさい。
　(　　　　　　　　　　　　　　　　　　　　　)
(2) 江戸時代の初めになぜ多くの洪水が起こりましたか。日本語で答えなさい。
　(　　　　　　　　　　　　　　　　　)から。
(3) 次の質問に英語で答えなさい。
　What was Japan unable to do when the environment was damaged?
　＿＿＿＿＿＿＿＿＿＿＿＿＿＿＿＿＿＿＿＿＿＿＿

Lesson 7 Biodiesel Adventure: From Global to Glocal

PART ①

ポイント 山田周生さんとはどんな人でしょうか。

① Yamada Shusei is a photojournalist / who drove around the world / in an eco-
山田周生さんは報道写真家だ　/　世界一周した　/　環境に

friendly car / named "Vasco-5." // ② The car runs on vegetable oil. // ③ It carries
やさしい車で / 「バスコファイブ号」という名前の // その車は植物油で走る // それは機械を

a machine / which makes biodiesel fuel / out of used vegetable oil. // ④ His
載せている / バイオディーゼル燃料を作る / 使用済みの植物油から // 彼の

"biodiesel adventure" had two purposes. // ⑤ One was to examine / how far he
「バイオディーゼルアドベンチャー」には2つの目的があった //1つは調べることだった / どのくらい

could go / using only waste oil. // ⑥ The other was / to share his adventure / with
の距離を走れるかを / 廃油しか使わずに // もう1つは〜だった / 自分の冒険を共有すること /

people around the world. //
世界中の人々と　　　//

⑦ During his journey, / all the waste oil was given to him / by a great number
冒険中 / 廃油はすべて彼に提供された / 多くの

of people / around the world. // ⑧ It was not only waste oil / that Yamada received
人々によって / 世界中の // 廃油だけではなかった / 山田さんが彼らから

from them. // ⑨ He also received / food, places to stay, and warm encouragement. //
もらったのは // 彼はまたもらった / 食べ物や泊まる場所や温かい励ましも //

⑩ Meeting such good people / of different races / and in different countries / was
そうした親切な人々との出会いは / さまざまな民族の / そしてさまざまな国の /

the most precious gift for him / on his journey. //
彼にとって最も貴重な贈り物だった / 旅先で //

単語・熟語チェック

- □ **biodiesel** 　名 バイオディーゼル
- □ **adventure** 　名 冒険
- □ **glocal** 　形 グローバルかつローカルな
- □ **photojournalist** 　名 報道写真家
- □ **drove** 　動 drive の過去形
- □ **run on 〜** 　熟 〜で走る

- □ **make A out of B** 熟 B から A を作る
- □ **biodiesel fuel** 　名 バイオディーゼル燃料
- □ **purpose** 　名 目的
- □ **examine** 　動 〜を調べる
- □ **a great number of 〜** 熟 多数の〜
- □ **race** 　名 民族，人種

✓ Check Up! ヒント

1. What is "Vasco-5"?
（「バスコファイブ号」とは何ですか。）　→本文①②

2. What was one purpose of Yamada's adventure?

（山田さんの冒険の1つの目的は何でしたか。）　→本文⑤

3. What did Yamada receive from a great number of people around the world?

（山田さんは世界中の多くの人々から何をもらいましたか。）　→本文⑧⑨

Sum Up! ヒント

山田周生さんは，バスコファイブ号という名の（　　）車で世界を一周した。それは，使用済みの（　　）油から作られるバイオディーゼル燃料で走る。彼は，世界中の人々から，廃油だけでなく，（　　）ものや泊まる場所や温かい（　　）ももらった。そうした親切な人々との出会いは，彼にとって最も（　　）贈り物だった。

読解のカギ

② **The car runs on vegetable oil.**

➡ run on ～は「～で走る」という意味。

⑤ **One was to examine [how far he could go using only waste oil].**

　　　　　　　　　　　　間接疑問文

➡ One は④の two purposes を受けて One (purpose)を表す。⑥の The other と呼応して，「(2つのうち)1つは～」という意味を表す。

➡ how 以下は間接疑問文になっていて，examine の目的語になっている。

➡ using only waste oil は「～しながら」という意味の付帯状況を表す分詞構文で，「廃油だけを使って[使いながら]」という意味。

⑥ **The other was to share his adventure with people around the world.**

➡ The other は⑤の One (purpose)と呼応して，The other (purpose)を表す。one ～，(and) the other ... は2つのもののうち「1つは～で，もう1つは…」という意味を表す。

Q1. ＿＿ を埋めなさい。

私はコートを2着持っている。1つは白で，もう1つは黒だ。

I have two coats. One is white and ＿＿＿＿＿＿ ＿＿＿＿＿＿ is black.

⑧ **It was not only waste oil that Yamada received from them.**

　　　　　　強調する語句（名詞句）(O)　　　　S　　　　V

➡ Yamada received not only waste oil from them. という文の not only waste oil という目的語である名詞句が強調された強調構文。強調構文は〈it is[was] A that ... 〉「…はA である[A であった]」の形でA の位置に強調したい語句を置く。「山田さんがもらったのは廃油だけではなかった」という意味を表す。強調構文では be 動詞のあとに強調したい主語，目的語，副詞(句)などを置くことができる。　　文法詳細 p.94

Q2. 日本語にしなさい。

It was John that I met there.

（　　　　　　　　　　　　　　　　　　　　　　　　　　　）

読解のカギ Q の解答　**Q1.** the other　　**Q2.** 私がそこで会ったのはジョンだった。

PART ②

ポイント　山田さんは冒険を通じて何を学んだでしょうか。

① Yamada started his adventure / in Vancouver, Canada / in December 2007. //
山田さんは冒険を始めた　/　カナダのバンクーバーで　/　2007 年の 12 月に　//

② Having driven through North America / to Washington D.C., / he sailed across
北アメリカ大陸を横断した後　/　ワシントン D.C. まで　/　彼は大西洋を

the Atlantic Ocean, / and landed at Lisbon, Portugal. // ③ He continued his
渡った　/　そしてポルトガルのリスボンに上陸した　//　彼は旅を続けた

journey / through the blazing hot African desert / to Europe / and then / on to the
/　焼けるような灼熱のアフリカの砂漠を横断して　/　ヨーロッパまで　/　そしてそれから　/

freezing cold Russian plains. // ④ It wasn't until December 2008 / that he finally
凍えるような寒さのロシアの平原へ　//　2008 年 12 月になってやっと　/　彼はようやく

came back to Japan. // ⑤ He drove 47,853 km / using 6,540 liters of waste oil /
日本に帰ってきた　//　彼は 47,853 km を走行した　/　6,540 リットルの廃油を使って　/

given to him / by more than one thousand people. //
彼に提供された　/　1,000 人以上の人々によって　//

⑥ Before beginning his journey, / Yamada was worried about one thing. // ⑦ He
旅を始める前　/　山田さんはあることを心配していた　//　彼は

was not sure / if all types of oil used around the world / would work for Vasco-5. //
わからなかった　/　世界各地で使用されているすべての種類の油が～かどうか　/　バスコファイブ号に利用できる　//

⑧ However, / he did not hesitate / to start the engine. // ⑨ From this experience, /
しかし　/　彼は躊躇しなかった　/　エンジンをかけることを　//　この経験から　/

he learned / the importance / of putting an idea into practice. //
彼は学んだ　/　大切さを　/　考えを実行に移すことの　//

✓ 単語・熟語チェック

☐ **Vancouver**	名 バンクーバー	☐ **desert**	名 砂漠
☐ **driven**	動 drive の過去分詞	☐ **freezing**	形 凍えるような
☐ **North America**	名 北アメリカ	☐ **Russian**	形 ロシアの
☐ **Washington D.C.**	名 ワシントン D.C.	☐ **plain**	名 平原
☐ **sail**	動 渡る，航行する	☐ **It is not until ~ that ...**	
☐ **Atlantic**	形 大西洋の		表 ~になってやっと…
☐ **the Atlantic Ocean**	名 大西洋	☐ **km [=kilometer]**	名 キロメートル
☐ **land**	動 上陸する	☐ **liter**	名 リットル
☐ **Lisbon**	名 リスボン	☐ **thousand**	形 1,000 の
☐ **Portugal**	名 ポルトガル	☐ **worried**	形 心配した
☐ **blazing**	形 焼けるような	☐ **hesitate**	動 ～を躊躇する
☐ **African**	形 アフリカの	☐ **put A into practice**	熟 A を実行に移す

✓ **Check Up!** ヒント

1. Where did Yamada start his adventure in December 2007?
（山田さんは, 2007年12月にどこで冒険を始めましたか。）　→本文①

2. How many people gave Yamada waste oil?
（何人の人が, 山田さんに廃油をあげましたか。）　→本文⑤

3. What was Yamada worried about before beginning his journey?
（旅を始める前, 山田さんは何を心配していましたか。）　→本文⑦

Sum Up! ヒント

山田さんの冒険は, 2007年にカナダのバンクーバーで（　　）。彼は北アメリカ大陸を横断し, それから大西洋を（　　）ヨーロッパに到着した。アフリカの（　　）とロシアの（　　）を横断し, 彼は2008年にようやく日本に帰国した。自分の冒険を通じて, 彼は考えを（　　）に移すことがいかに大切かを学んだ。

🔑 **読解のカギ**

② **Having driven through North America to Washington D.C., he sailed ....**
　Having ＋過去分詞（完了形の分詞構文）

➡ Having driven は〈having ＋過去分詞〉の完了形の分詞構文。ここでは主節の動詞の sailed より前の出来事であることを表している。　　文法詳細 p.95

📝 **Q1. 日本語にしなさい。**
　Having taken a walk, he started to prepare for the test.
　（　　　　　　　　　　　　　　　　　　　　　　　　　　　　　　　　）

④ **It wasn't until December 2008 that he finally came back to Japan.**
➡ 〈It is[was] not until ～ that ...〉は強調構文の一種で, 「～になってやっと…」という意味を表す。not until ～の部分が強調されている。

📝 **Q2. 並べかえなさい。**
　昨日になってやっと, 彼女はその知らせを聞いた。
　It was (heard / yesterday / she / until / that / not) the news.
　It was ＿＿＿＿＿＿＿＿＿＿＿＿＿＿＿＿＿＿＿＿＿＿＿＿ the news.

⑦ **He was not sure if all types of oil used around the world would work for Vasco-5.**
➡ ここでの if は「もし」という意味ではなく「～か（どうか）」という意味。〈be sure ＋ if ＋ S ＋ V〉は「S が V するか（どうか）を確信している」という意味を表す。
➡ would は will の過去形でここでは過去からみた未来を表している。

⑨ **..., he learned the importance of putting an idea into practice.**
➡ put A into practice で「A を実行に移す」という意味を表す。putting an idea into practice は「考えを実行に移すこと」という意味。practice はここでは「実践, 実行」の意味。

🔑 **読解のカギ** Q の解答　**Q1.** 散歩をしたあとで, 彼は試験勉強を始めた。　　**Q2.** not until yesterday that she heard

PART ③

ポイント　復興作業の支援を通じて，山田さんは何に気づいたでしょうか。

① After returning to Japan, / Yamada began another journey / traveling around
日本に帰国後　　　　　　山田さんは別の旅を始めた　　　　　　日本一周の

Japan / in Vasco-5 / in April 2009. ② Everything was going well / until March 11,
バスコファイブ号に乗って /2009年4月に // 　　すべてが順調だった　/　2011年3月11日

2011, / when he was in Iwate Prefecture / and the Great East Japan Earthquake
まで /　　　そのとき彼は岩手県にいて　　/　　　　東日本大震災が起こった

happened. // ③ Suddenly, / he found / lifelines were completely cut off / wherever
　　// 　突然　/ 彼にはわかった / ライフラインが完全に断たれていることが / 　どこへ

he went. // ④ Thousands of people / were at a loss / what to do. //
行っても // 　　何千人という人が　/ 途方にくれていた / どうしたらよいか//

⑤ Thankfully, / Yamada had Vasco-5, / the perfect machine for the situation. //
ありがたいことに / 山田さんにはバスコファイブ号があった / その状況にうってつけのマシンである //

⑥ It could generate electricity / and provide access / to the radio and the Internet /
　　それは発電できた　　/ そしてアクセスできた / 　ラジオやインターネットに　/

without gasoline. // ⑦ He thought, / "Maybe I can make use of Vasco-5's ability /
ガソリンを使わずに // 彼は考えた /「ひょっとしたら，バスコファイブ号の能力を利用できるかもしれない /

to spread information / to help people. // ⑧ Now is the time to make a move!" //
　情報を流すために　/ 人々を助けるための // 　　さあ，行動を起こす時だ」　//

⑨ He started to support reconstruction work. // ⑩ He realized / that the self-
　　彼は復興作業を支援し始めた　　　　　// 　彼は気づいた / バスコファイブ

sufficient abilities of Vasco-5 / would be useful / for creating a future sustainable
号の自給自足の能力が　　　　/ 役立つだろうと / 　将来の持続可能な地域社会づくりの

community. //
ために　　//

単語・熟語チェック

☐ support	名 支援	☐ generate	動 ~を発生させる
☐ reconstruction	名 復興	☐ provide	動 ~を与える
☐ earthquake	名 地震	☐ access	名 接続，アクセス
☐ lifeline	名 ライフライン	☐ gasoline	名 ガソリン
☐ cut off ~	熟 ~を断つ	☐ ability	名 力，能力
☐ loss	名 喪失	☐ **Now is the time to** *do*	熟 さあ~する時だ
☐ be at a loss	熟 途方にくれている	☐ self-sufficient	形 自給自足の
☐ thankfully	副 ありがたいことに	☐ community	名 地域社会

✓ Check Up! ヒント

1. What did Yamada begin after returning to Japan?
　（山田さんは日本に帰国後何を始めましたか。）　→本文①

2. Why was Vasco-5 the perfect machine for the situation after the earthquake?
（バスコファイブ号が震災後の状況にとって最適なマシンであった理由は何ですか。）　→本文⑥

3. What did Yamada start to do in Iwate after the earthquake?
（山田さんは震災後岩手で何をし始めましたか。）　→本文⑨

🔊 Sum Up!　ヒント

（　　）に戻った後，山田さんはバスコファイブ号で日本一周の旅を始めた。しかし，岩手県にいた時，東日本大震災が（　　）。幸運なことに，彼にはバスコファイブ号があった。それはそのような状況に（　　）マシンだった。山田さんはバスコファイブ号を使って人々を（　　）決心をした。彼は，その自給自足の能力が未来の（　　）地域社会を作るために非常に重要になるだろうと気づいた。

🎵 読解のカギ　　　コンマ＋関係副詞

② ... until March 11, 2011, when he was in Iwate Prefecture and ....
　　　　　先行詞（時）

➡〈, ＋関係副詞 when〉は関係副詞の非制限用法で，時を表す先行詞 March 11, 2011 について補足説明をしている。

③ Suddenly, he found lifelines were completely cut off wherever he went.
➡ cut off ～は「～を断つ」という意味。
➡ wherever は関係副詞の語尾に -ever が付いた複合関係副詞で，〈wherever ＋ S ＋ V〉は「S が V するところはどこでも」という意味を表す。　　文法詳細 pp.95 ～ 96

🎵 Q1.　＿＿＿ を埋めなさい。
どこで尋ねても，彼の家は見つからなかった。
＿＿＿＿＿＿ I ＿＿＿＿＿＿, I couldn't find his house.

④ Thousands of people were at a loss what to do.
➡ be at a loss は「途方にくれている」，what to do は「何をすればよいか」という意味をそれぞれ表す。be at a loss what to do で「どうしたらよいか途方にくれている」という意味。

⑥ It could generate electricity and provide access to the radio and the Internet without gasoline.
➡ It は Vasco-5 を指す。
➡ provide access to ～は「～の利用[～へのアクセス]を可能にする」という意味。

　　　　　　　　　　　　不定詞の形容詞的用法
⑧ Now is the time to make a move!
➡ Now is the time to *do* は「さあ～する時だ」という意味を表す。to make a move は不定詞の形容詞的用法で the time を修飾している。
➡ move は名詞で，movement や action の意味。make a move で「行動を起こす」。

🎵 読解のカギ Q の解答　**Q1.** Wherever, asked

PART ④

ポイント　山田さんの若者へのメッセージは何でしょうか。

① Yamada is now working / to build a sustainable local community / in Iwate /
山田さんは今働いている　/　持続可能な地元の地域社会を築くために　/　岩手で　/

based on his global experiences. // ② He aims to create / a "glocal" self-sufficiency
自身のグローバルな経験をもとにして　//　彼は作ることを目指している　/　「グローカル」な自給自足

model. // ③ "Glocal" is a coined word / made from two words: / global and local. //
モデルを//　「グローカル」というのは造語だ　/　2つの言葉から作られた　/　グローバルとローカルという　//

④ It means / to "think globally, act locally." // ⑤ Yamada can be regarded / as a
それは意味する /「地球規模で考えて, 地元で活動する」ことを // 山田さんはみなすことができるだろう /

"glocal" person. //
「グローカル」な人と //

⑥ More and more young people are / interested in Yamada's project / and
ますます多くの若者が　/　山田さんの事業に関心を抱く　/

visiting his eco-village / in Iwate. // ⑦ He hopes / that young people have the
そして彼のエコビレッジを訪れる / 岩手にある // 彼は願っている / 若者たちが強さを持つことを

strength / to live / in an age / full of uncertainty. // ⑧ Yamada says, "You might
/ 生きるための / 時代に / 不確かさで満ちている // 山田さんは言う 「いつもある

not always have / everything you need / at first, / but do not hesitate / to take
とは限らないかもしれない / 必要なものすべてが / 最初は / しかしためらってはいけない / 行動を

action. // ⑨ Don't look for a path / that is already set for you, / but just take a step
起こすことを // 道を探してはならない / すでにあなたのためにできている / そうではなく, まず一歩

forward / to create your own path." //
前に踏み出しなさい / 自分だけの道を作るために」//

単語・熟語チェック

□ aim	動 ～を目指す	□ regard A as B	熟 A を B とみなす
□ self-sufficiency	名 自給自足	□ project	名 事業
□ coin	動 ～を造り出す	□ eco-village	名 エコビレッジ
□ globally	副 地球規模で	□ uncertainty	名 不確かさ
□ locally	副 地元で	□ take a step forward	
□ regard	動 ～をみなす		熟 一歩前に踏み出す

✔ Check Up! ヒント

1. What is Yamada working to build?
（山田さんは何を築くために働いていますか。）　→本文①

2. What does the word "glocal" mean?
（「グローカル」という言葉は何を意味しますか。）　→本文④

3. What does Yamada hope young people have?
（山田さんは若者たちに何を持ってもらいたいと願っていますか。）　→本文⑦

📖 Sum Up! ヒント

山田さんは，自身のグローバルな経験を使って，持続可能な（　　）地域社会を築くために働いている。彼の目標は，「グローカル」な自給自足（　　）を作ることだ。「グローカル」とは「（　　）考え，地元で活動する」ことを意味する。岩手にある彼のエコビレッジを訪れる（　　）人はますます増えている。彼は，彼らが不確かさに満ちた時代を生きるための（　　）を持つことを願っている。

🔑 読解のカギ

③ **"Glocal" is a coined word made from two words: global and local.**
➡ 〈:〉（コロン）の直後には直前の two words「2 つの言葉」の内容が具体的に挙げられている。コロンは，このように具体的な例示や説明の前に置くことができる。

④ **It means to "think globally, act locally."**
　　　　　　　O（不定詞の名詞的用法）
➡ to "think globally, act locally" は act の前に and to が省略されている。to think ...（and to）act は名詞的用法の不定詞で to "think ... locally" が means の目的語。

⑧ ..., **"You might not always have everything [you need] at first, but do not hesitate to take action."**　which[that]の省略　先行詞
➡ not always は部分否定で「いつも～というわけではない」という意味を表す。not は文全体ではなく，always だけを否定している。　文法詳細 p.96
➡ everything の後に目的格の関係代名詞 which[that]が省略されている。you need が everything を修飾している。

❓ Q1. 日本語にしなさい。
They don't always sell this kind of tea in the store.
（　　　　　　　　　　　　　　　　　　　　　　　　　　　）

⑨ 先行詞　関係節
Don't look for a path [that is already set for you], but just take a step forward to create your own path.
➡ that は主格の関係代名詞で that ... you が先行詞の a path を修飾している。
➡ take a step forward は「一歩前に踏み出す」という意味。

❓ Q2. ＿＿ を埋めなさい。
がんばって一歩前に踏み出しなさい。
Try and ＿＿＿＿＿＿ a ＿＿＿＿＿＿ forward.

📖 Grammar

G-1 強調構文

▶強調構文とは

〈It is[was] A that ...〉のAの部分に強調したい主語・目的語・副詞(句・節)を入れて,「…はAである[あった]」と強調する構文。強調する語句が名詞・代名詞で「人」の場合は who を,「物」の場合は which を,that のかわりに使うことがある。

主語を強調

My brother visited New York last month.　（私の兄は先月,ニューヨークを訪れました。）
　　S　　　V　　　　O　　　副詞句

→ It was my brother that[who] visited New York last month.
　　　　強調する語句(S)

（先月ニューヨークを訪れたのは,私の兄でした。）

➡ 文の主語を強調するときは,It was A that ...「…はAであった」のAに主語を置き,残りの部分を that の後ろに置く。

➡ 強調する語句が「人」なので who を使うこともできる。

目的語を強調

My brother visited New York last month.　（私の兄は先月,ニューヨークを訪れました。）
　　S　　　V　　　　O　　　副詞句

→ It was New York that[which] my brother visited last month.
　　　　　強調する語句(O)

（私の兄が先月訪れたのは,ニューヨークでした。）

➡ 文の目的語を強調するときは,It was A that ...「…はAであった」のAに目的語を置き,残りの部分を that の後ろに置く。

➡ 強調する語句が「物」なので which を使うこともできるが,who と比べると which が使われることは少ない。

副詞(句・節)を強調

My brother visited New York last month.　（私の兄は先月,ニューヨークを訪れました。）
　　S　　　V　　　　O　　　副詞句

→ It was last month that my brother visited New York.
　　　　強調する語句(副詞句)

（私の兄がニューヨークを訪れたのは,先月でした。）

➡ 文の副詞(句・節)を強調するときは,It was A that ...「…はAであった」のAに副詞(句・節)を置き,残りの部分を that の後ろに置く。

➡ 副詞(句・節)を強調するときは,ふつう that を使う。

G-2 完了形の分詞構文
▶ **完了形の分詞構文とは**

〈having＋過去分詞, S＋V〉の形で「～したあと, S は V する」という意味を表し, 主節の動詞が表す時よりも以前のことを表す。時, 理由などの意味を表す。

述語動詞が現在の場合

┌─── 主節の動詞よりも前の時 ───┐ 現在
Having been born in Paris, he **is** good at French.
= Because[Since / As] he was

（彼はパリで生まれたので, フランス語が得意だ。）

➡ 述語動詞(is)が現在の時を表すので, 完了形の分詞構文が表す時は過去。

➡ Having been born in Paris, は「～なので」と理由を表す。

述語動詞が過去の場合

┌─── 主節の動詞よりも前の時 ───┐ 過去
Not having slept well, he **couldn't drive** carefully.
= Because[Since / As] he had not slept

（彼はよく眠っていなかったので, 注意して運転できなかった。）

➡ 述語動詞(couldn't drive)が過去の時を表すので, 完了形の分詞構文が表す時はそれより以前の過去を表す。

➡ 否定の意味を表す場合は, not を having の前に置く。

➡ Not having slept well, は「～なので」と理由を表す。

G-3 複合関係副詞
▶ **複合関係副詞とは**

wherever, whenever のように, 関係副詞 where や when などの語尾に -ever を付けたものを複合関係副詞という。〈wherever / whenever＋S＋V〉で「S が V するところはどこでも[ときはいつでも]」という意味を表す。

wherever

Please take a seat **wherever** you like.　（場所）
　　　　　　　　　　複合関係副詞 S　V

（どこでもあなたの好きなところに座ってください。）

Wherever he goes, he always has two bodyguards.　（譲歩）
複合関係副詞 S　V

（どこへ行こうとも, いつも彼はボディーガードを2人連れている。）

➡ wherever は「S が V するところはどこでも」という場所を表す意味と,「どこで[へ]S が V しようとも」という譲歩を表す意味がある。どちらの意味であるかは, 文脈から判断する。

whenever

He listened to music **whenever** <u>he</u> <u>had</u> <u>time</u>.　（時）
　　　　　　　　　　　複合関係副詞 S 　V 　O

（時間があるときにはいつでも，彼は音楽を聴いた。）

Whenever <u>he</u> <u>visits</u> <u>the place</u>, he remembers his childhood.　（譲歩）
複合関係副詞 S 　V 　　O

（いつその場所を訪れても，彼は子ども時代のことを思い出す。）

➡ whenever は「S が V するときはいつでも」という時を表す意味と，「いつ S が V し
ようとも」という譲歩を表す意味がある。どちらの意味であるかは，文脈から判断
する。

G-4 部分否定

▶部分否定とは

「まったく〜ない」のように文全体の内容を否定するのではなく，特定の語（句・節）の内
容だけを否定することを部分否定という。not のあとに全体・完全・必然などを表す語が
続くと，文の一部が否定されて，「すべて（の者・物）が[いつも / 必ずしも]〜というわけ
ではない[とは限らない]」という意味を表す。

全否定と部分否定

None of them was invited to the party.　（全否定）
（彼らのうちの<u>誰も</u>パーティーに招かれ<u>なかった</u>。）

Not all of them were invited to the party.　（部分否定）
（彼ら<u>全員</u>がパーティーに招かれた<u>わけではなかった</u>。）

➡ 全否定では「誰も招かれなかった」という意味になるが，部分否定では all のみが否
定されて「全員が招かれたわけではなかった（何人かは招かれた）」という意味とな
る。

部分否定を作る語

He **doesn't always** take the train to get home.
（彼は家に帰るのに<u>いつも</u>その電車に乗る<u>というわけではない</u>。）

Wealth does **not necessarily** bring happiness.
（富は<u>必ずしも</u>幸福をもたらす<u>わけではない</u>。）

➡ 部分否定は，not のあとに all, every, everyone, everything, always, necessarily な
どの語が使われ，「すべて（の者・物）が[いつも / 必ずしも]〜というわけではない[と
は限らない]」という意味を表す。

➡ いずれの語を用いる場合も，not はこれら特定の語のみを否定する。

📎 Finish Up! 🔶ヒント

1, 2.「(　　)から(　　)へ」どちらも形容詞が入る。(教 p.124, ℓℓ.1 ～ 6)

3.「山田周生―職業 :(　　)」名詞が入る。(教 p.118, ℓℓ.1 ～ 3)

4.「バスコファイブ号―植物油で走る(　　)自動車–使用済み植物油からバイオディーゼル燃料を作る機械を搭載している。」形容詞が入る。(教 p.118, ℓℓ.1 ～ 5)

5.「廃油だけでなく，食べ物，泊まる場所や温かい(　　)ももらった」名詞が入る。(教 p118, ℓℓ.11 ～ 13)

6.「彼が学んだこと：考えを(　　)に移すことの大切さ」名詞が入る。(教 p.120, ℓℓ.15 ～ 16)

7.「山田さんが岩手にいた時，東日本大(　　)が起こった。」名詞が入る。(教 p.122, ℓℓ.3 ～ 5)

8.「バスコファイブ号―(　　)作業にうってつけのマシン」名詞が入る。(教 p.122, ℓℓ.8 ～ 9, ℓℓ.14 ～ 15)

9.「山田さん―未来の持続可能な地域社会づくりのために，その能力が(　　)だろうと気づいた」形容詞が入る。(教 p.122, ℓℓ.15 ～ 17)

10.「山田さんは現在自身の『グローバル』な経験に基づいて(　　)『地元の』地域社会を築くために働いている。」形容詞が入る。(教 p.124, ℓℓ.1 ～ 3)

➕ OUTPUT 🔶ヒント

Listen

Risa

Details: ・「私たちの町では(　　)人だけが(　　)に携わっている。」

・「(　　)人たちに(　　)を始めるよう勧めるべきだ。」

・「もし彼らが自分の(　　)でテクノロジーをうまく(　　)すれば，私たちの地域社会は食料の点で(　　)になるだろう。」

Daisuke

Details: ・「(　　)人たちに私たちの町に(　　)よう勧めるべきだ。」

・「もし私たちが彼らがここでよい(　　)になるのを(　　)準備ができれば，自分たちの地域社会を(　　)かつ持続可能にすることができるだろう。」

Write & Speak

例 I think solar power generation will enable our community to be sustainable. Since it doesn't use fossil fuel or nuclear power, it is eco-friendly and will never stop working even when a big earthquake occurs.

Of course, there are some problems such as the cost. However, to make our community sustainable, it's very important for us to have a way to produce energy without damaging the environment.

Interact

例

Questions: Do you think we can stop using fossil fuels in the future?

📝 定期テスト予想問題 　　　解答 ➡ **p.172**

1 日本語に合うように，＿＿に適切な語を入れなさい。
(1) そのお寺は日本で最も古いものとみなされている。
The temple is ＿＿＿＿＿＿＿ ＿＿＿＿＿＿＿ the oldest one in Japan.
(2) 嵐のためにここでは電気が断たれてしまった。
Electricity was ＿＿＿＿＿＿＿ ＿＿＿＿＿＿＿ by the storm here.
(3) その時になってやっと彼女は私に向かってほほえんだ。
It was not ＿＿＿＿＿＿＿ then ＿＿＿＿＿＿＿ she smiled at me.
(4) これらのカップは植物から作られた。
These cups were made ＿＿＿＿＿＿＿ ＿＿＿＿＿＿＿ plants.

2 （　）内の語のうち，適切なものを選びなさい。
(1) When it gets dark, we'll be (on, in, at) a loss which way to go.
(2) Let's put our plans (on, to, into) practice.
(3) This car runs (on, to, of) electricity.
(4) You should solve the problem based (for, on, with) the information.

3 日本語に合うように，（　）内の語句や符号を並べかえなさい。
(1) 多くの情報を集めることは，必ずしも役に立つわけではない。
(not / collecting / a lot of / is / information / necessarily) useful.
＿＿＿＿＿＿＿＿＿＿＿＿＿＿＿＿＿＿＿＿＿＿＿＿＿＿ useful.
(2) 彼は夜どこに泊まってもよく眠れる。
(he / sleep / at / can / wherever / he / stays / night / ,) well.
＿＿＿＿＿＿＿＿＿＿＿＿＿＿＿＿＿＿＿＿＿＿＿＿＿＿ well.
(3) 彼女は，テレビを3時間見たあとで宿題をした。
(three / did / watched / TV / for / she / having / hours / ,) her homework.
＿＿＿＿＿＿＿＿＿＿＿＿＿＿＿＿＿＿＿＿＿＿＿＿ her homework.

4 次の英語を日本語にしなさい。
(1) It was in this building that I saw the famous photographer.
（　　　　　　　　　　　　　　　　　　　　　　　　　　　）
(2) Not all his books are known to young people.
（　　　　　　　　　　　　　　　　　　　　　　　　　　　）
(3) Whenever you send an e-mail to him, he answers quickly.
（　　　　　　　　　　　　　　　　　　　　　　　　　　　）

5 次の英文を読んで，あとの問いに答えなさい。

During his journey, all the waste oil was given to him by ①a (　) (　) (　) people around the world. ②(only / it / that / not / was / waste oil) Yamada received from them. He also received food, places to stay, and warm encouragement. ③Meeting such good people of different races and in different countries (be) the most precious gift for him on his journey.

(1) 下線部①が「多数の〜」という意味になるように，(　)に適切な語を入れなさい。
a ＿＿＿＿＿＿＿ ＿＿＿＿＿＿＿ ＿＿＿＿＿＿＿

(2) 下線部②が「山田さんが彼らからもらったのは廃油だけではなかった。」という意味になるように，(　)内の語句を並べかえなさい。
＿＿＿＿＿＿＿＿＿＿＿＿＿＿＿＿＿＿＿＿＿＿＿＿＿＿＿＿

(3) 下線部③が「さまざまな民族の，そしてさまざまな国のそうした親切な人々との出会いは，旅先で彼にとって最も貴重な贈り物だった。」という意味になるように，(　)内の語を適切な形に書きかえなさい。
＿＿＿＿＿＿＿

6 次の英文を読んで，あとの問いに答えなさい。

Thankfully, Yamada had Vasco-5, the perfect machine for the situation. It could generate electricity and provide access to the radio and the Internet without gasoline. He thought, "Maybe I can ①(　) (　) (　) Vasco-5's ability to spread information to help people. ②Now is the time to make a move!" He started to support reconstruction work. He realized that the self-sufficient abilities of Vasco-5 would be useful ③(a / for / community / sustainable / creating / future).

(1) 下線部①が「〜を利用する」という意味になるように，(　)に適切な語を入れなさい。
＿＿＿＿＿＿＿ ＿＿＿＿＿＿＿ ＿＿＿＿＿＿＿

(2) 下線部②の英語を日本語にしなさい。
(　　　　　　　　　　　　　　　　　　　　　)

(3) 下線部③が「将来の持続可能な地域社会をつくるために」という意味になるように，(　)内の語を並べかえなさい。
＿＿＿＿＿＿＿＿＿＿＿＿＿＿＿＿＿＿＿＿＿＿＿＿＿＿＿＿

(4) 次の質問に英語で答えなさい。
What could Vasco-5 do without gasoline?
＿＿＿＿＿＿＿＿＿＿＿＿＿＿＿＿＿＿＿＿＿＿＿＿＿＿＿＿

Lesson 8 Our Future with AI

PART ①

ポイント 新技術は加藤さんの人生をどのように変えたのでしょうか。

① Kato Kento is a blind soccer player / who has played in the World Cup. //
加藤健人さんは目の不自由なサッカー選手だ / ワールドカップに出場したことがある //

② He was once about to give up / on his life / due to his eye disease, / but / blind
彼はかつてまさに希望を失おうとしていた / 人生に対する / 目の病気が原因で / しかし /

soccer and new technology / brought him hope. // ③ He can now "read" and "see" /
ブラインドサッカーと新技術が / 彼に希望をもたらしてくれた // 彼は今や「読む」ことも「見る」こともできる/

with his glasses. // ④ Kato's glasses have a tiny device / attached to the frames. //
メガネを使って // 加藤さんのメガネには小さな装置がある / フレームにつけられた //

⑤ The device has AI (artificial intelligence), / which conveys visual information
その装置は AI(人工知能)を備えている / そしてそれが視覚情報を音声で伝えて

audibly. //
くれる //

⑥ AI is also found in things / we use in our daily lives. // ⑦ For example, / AI
AI はものにも見られる / 私たちが日常使っている // たとえば /

helps keep air conditioners and refrigerators / at the right temperature. // ⑧ It also
AI はエアコンや冷蔵庫を保つ手助けをする / 適温に // それは

helps your smartphone find / the shortest route to a destination. // ⑨ Without AI, /
またスマートフォンが見つける手助けをする / 目的地までの最短の経路を // AI がなかったら /

we would not have such a comfortable life. // ⑩ Moreover, / the capacity of AI is
私たちはこんなに快適な生活をしていないだろう // しかも / AI の能力は限られる

not limited / to these uses. // ⑪ It keeps developing / at an amazing speed. //
ものではない /このような使い方に// それは進化し続けている / 驚くべきスピードで //

✓ 単語・熟語チェック

☐ **be about to** *do*	熟 まさに~しようとする	☐ **visual**	形 視覚の
☐ **give up on ~**	熟 ~に対する希望を失う	☐ **audibly**	副 音声で
☐ **due**	形 当然の, 相応の	☐ **air conditioner**	名 エアコン
☐ **due to ~**	熟 ~が原因で	☐ **refrigerator**	名 冷蔵庫
☐ **disease**	名 病気	☐ **route**	名 経路
☐ **device**	名 装置	☐ **destination**	名 目的地
☐ **frame**	名 フレーム, 骨組み	☐ **capacity**	名 能力
☐ **convey**	動 ~を伝える		

✔ Check Up! ヒント

1. What brought Kato hope?
（何が加藤さんに希望をもたらしましたか。）　→本文②

2. What does the AI device on Kato's glasses do?
（加藤さんのメガネのAI装置は何をしますか。）　→本文⑤

3. What does AI help your smartphone do?
（AIはスマートフォンが何をするのを手助けしますか。）　→本文⑧

📱 Sum Up! ヒント

加藤さんは（　　）サッカー選手である。加藤さんのメガネの AI 装置は（　　）情報を音声で彼に伝える。AI は私たちが日常使っている（　　）に見られる。AI がなかったら，私たちはこんなに（　　）生活をしていないだろう。AI は（　　）スピードで進化し続けている。

🔑 読解のカギ

② He was **once** about to give up on **his life** due to **his eye disease, but** ....
➡ be about to *do* は「まさに〜しようとする」という意味を表す。
➡ give up on 〜は「〜に対する希望を失う」という意味を表す。
➡ due to 〜は「〜が原因で」という意味を表す。

⑤ ... AI (artificial intelligence), [which conveys visual information audibly].
　　　　　　　先行詞　　　　　　　　　関係代名詞(非制限用法)
➡ which は非制限用法の関係代名詞で，先行詞の AI (artificial intelligence)に補足的な説明を付け加えている。

⑧ It also helps **your smartphone** find the shortest route to a destination.
➡〈help＋O＋(to＋)動詞の原形〉は「O が〜するのを手助けする」という意味。
🔑 Q1. 並べかえなさい。
クラスメートたちは，彼女が試験勉強をするのを手助けした。
(study / helped / for / her classmates / her) the exam.
_____ the exam.

⑨ Without AI, we would **not** have such a comfortable life.
➡〈Without 〜, S＋would＋動詞の原形〉は仮定法過去で，現在の事実に反することがらを仮定し，「もし〜がなければ，S は…だろうに」という意味を表す。
➡ Without 〜の部分が「もし〜がなければ」という意味で if 節の代わりをしている。

文法詳細　p.108

🔑 Q2. 日本語にしなさい。
Without your help, I wouldn't know what to do.
（　　　　　　　　　　　　　　　　　　　　　　　　　　）

🔑 読解のカギ Q の解答　**Q1.** Her classmates helped her study for
　　Q2. もしあなたの助けがなければ，私はどうすればよいかわからないだろうに。

PART **2**

ポイント 「ディープラーニング」とは何でしょうか。

① AI means / "intelligence created artificially / with advanced computers
AIとは～という意味だ / 「人工的に生み出された知能 / 先進のコンピューターとソフト

and software." // ② What has made AI advance / is the technology of "Deep
ウェアによって」 // AIを進歩させたものは / 「ディープラーニング」という

Learning." // ③ It was developed / by studying the human brain. // ④ If the
技術だ // それは開発された / 人間の脳を研究することによって // もし

technology had not been invented, / AI would have stopped developing. //
その技術が発明されていなければ / AIは発達することをやめていただろう //

⑤ What is "Deep Learning"? // ⑥ Suppose / we want AI to recognize a "cat." //
「ディープラーニング」とはどういうものか // 仮に～としよう / 私たちがAIに「ネコ」を認識させたい //

⑦ In the past, / we needed to teach AI every characteristic / a cat has. // ⑧ However, /
かつては / 私たちがAIにあらゆる特徴を教える必要があった / ネコの持つ // しかし /

with "Deep Learning" / AI can learn on its own. // ⑨ If we give it a lot of image data
「ディープラーニング」があれば /AIは自分で学習することができる // もし私たちがネコの大量の画像データを

of cats, / it can understand what a "cat" is like. // ⑩ Eventually, / it will learn /
それに与えると / それは「ネコ」とはどういうものかを理解することができる // 最後に / それは学ぶだろう /

how to distinguish a "cat" from other things. // ⑪ This process is similar to the way /
「ネコ」と他のものを区別する方法を // この過程は方法とよく似ている /

human children learn what a "cat" is. // ⑫ However, / AI can learn a lot faster / than
人間の子どもが「ネコ」とはどういうものかを学ぶ // しかし / AIはずっと速く学習することができる /

human children. //
人間の子どもよりも //

✓ 単語・熟語チェック

☐ software	名 ソフトウェア	☐ on *one's* own	熟 自分で
☐ suppose	動 ～と仮定する	☐ data	名 データ
☐ Suppose ～	表 仮に～としよう	☐ distinguish	動 ～を区別する
☐ recognize	動 ～を認識する	☐ distinguish A from B	
☐ past	名 過去		熟 AとBを区別する
☐ in the past	熟 かつては	☐ process	名 過程，プロセス
☐ characteristic	名 特徴		

✓ Check Up! ヒント

1. What has made AI advance? （何が AI を進歩させましたか。） →本文②

2. If we give AI a lot of image data of cats, what can AI do?
（もし私たちがAIにネコの大量の画像データを与えると，AIは何ができますか。） →本文⑨

3. Which can learn faster, AI or human children?
（AI と人間の子どもでは，どちらが速く学習することができますか。） →本文⑫

Sum Up! ヒント

AI とは「先進のコンピューターとソフトウェアによって（　　）生み出された知能」という意味だ。AI は「ディープラーニング」という（　　）によって進歩した。それは人間の脳を（　　）によって開発された。もしそれがなかったら，AI は（　　）をやめていただろう。AI は自分で物事を学習して，人間の子どもよりもずっと（　　）学習することができる。

読解のカギ

② **What has made AI advance is the technology of "Deep Learning."**
- ➡ What has made AI advance は関係代名詞 what が導く節で，文の主語になっている。
- ➡ made は使役動詞。〈make＋O＋動詞の原形〉で「O に～させる」という意味。

④ **If the technology had not been invented, AI would have stopped developing.**
if 節(If ＋ S' ＋ had ＋動詞の過去分詞)　　　主節(S ＋ would ＋ have ＋動詞の過去分詞)
- ➡ If the technology had not been invented は〈If＋S'＋had＋動詞の過去分詞〉の形で，過去の事実に反することを表す仮定法過去完了。主節の AI would have stopped developing は〈S＋would＋have＋動詞の過去分詞〉の形。「もし（あの時）S'が～だったならば，S は…だっただろうに」という意味。 文法詳細 **p.109**

Q1. ＿＿ を埋めなさい。
もし彼女が病気でなかったら，私たちは彼女を訪ねただろうに。
If she ＿＿＿＿＿＿ not ＿＿＿＿＿＿ sick, we would have visited her.

⑥ **Suppose we want AI to recognize a "cat."**
- ➡ Suppose ～は「仮に～としよう」という意味。
- ➡ 〈want＋O＋to 不定詞〉は「O に～してほしい」という意味。

that[which]の省略
⑦ **In the past, we needed to teach AI every characteristic [a cat has].**
先行詞
- ➡ a cat has は every characteristic を修飾する節。a cat の前に目的格の関係代名詞 that[which]が省略されている。

⑩ **Eventually, it will learn how to distinguish a "cat" from other things.**
- ➡ how to *do* は「～する方法，～の仕方」という意味。
- ➡ distinguish *A* from *B* は「*A* と *B* を区別する」という意味。

⑪ **This process is similar to the way human children learn what a "cat" is.**
S'　　　　V'　　　間接疑問
- ➡ 〈the way＋S'＋V'〉は「S'が V'する方法」という意味。
- ➡ what a "cat" is は間接疑問で，learn の目的語になっている。

読解のカギ Q の解答　**Q1.** had，been

PART ③

ポイント　AI はどのように私たちの生活をより快適にしてくれるでしょうか。

① Many people expect / that AI will make our lives / more comfortable. //
多くの人が期待している　/　AI は私たちの生活を~にしてくれるだろうと　/　より快適に　//

② Automatic driving / will reduce traffic accidents. // ③ Mobile translation
自動運転は　/　交通事故を減らしてくれるだろう　//　携帯翻訳機は私たちが

machines will help us communicate / anywhere in the world. // ④ "AI doctors" will
意思疎通するのを手助けしてくれるだろう　/　世界のどこででも　//　「AI ドクター」は

be able to find diseases / much faster than human doctors. //
病気を見つけることができるだろう / 人間の医者よりもはるかに迅速に //

⑤ In Japan, / the number of young people is decreasing, / which may cause /
日本では　/　若者の数が減少している　/　そのことは引き起こすかもしれない/

a serious labor shortage. // ⑥ AI robots will help / solve this problem. // ⑦ In
深刻な労働力不足を　//　AI ロボットが手助けするだろう　/　この問題を解決する　//

fact, / AI robots are already being used / in various areas / such as / industry, /
実際 / AI ロボットはすでに使われている / さまざまな分野で / ~のような / 工業 /

nursing, / and medical care. // ⑧ If they become more advanced, / they will do /
看護 / そして医療 // もしそれらがもっと進化したら /それらはやってくれるだろう /

tiring and dangerous work / in place of us. // ⑨ As a result, / we humans may be
骨の折れる危険な仕事を　/　私たちの代わりに// その結果 / 私たち人間は~できる

able to / spend more time / on creative activities / instead of doing those kinds of
かもしれない / より多くの時間を費やすことが /創造的な活動に/ そうした種類の仕事をする

work. //
代わりに //

単語・熟語チェック

□ automatic	形 自動の		□ are already being used	表 すでに使われている
□ traffic	名 交通		□ industry	名 工業
□ mobile	形 携帯の		□ tiring	形 骨の折れる, 疲れさせる
□ translation	名 翻訳		□ dangerous	形 危険な
□ serious	形 深刻な		□ in place of A	熟 A の代わりに
□ labor	名 労働力		□ creative	形 創造的な
□ shortage	名 不足			
□ labor shortage	名 労働力不足			

Check Up! ヒント

1. What will mobile translation machines help us do?
（携帯翻訳機は，私たちが何をするのを手助けしてくれるでしょうか。）　→本文③

2. How will "AI doctors" work better than human doctors?
（「AI ドクター」はどのように人間の医者よりよい仕事をするでしょうか。）　→本文④

3. What problem will AI robots help solve?
（AI ロボットは，どんな問題を解決する手助けをしてくれるでしょうか。）　→本文⑤⑥

Sum Up!　ヒント

多くの人が，AI の（　　）によって私たちの（　　）はより快適になるだろうと期待している。たとえば，携帯翻訳機は私たちが世界のどこででも（　　）ことを可能にするだろう。「AI ドクター」は人間の医者よりはるかに迅速に（　　）を見つけられるだろう。さらに，AI ロボットは深刻な労働力（　　）の問題を解決するだろう。

読解のカギ

③ **Mobile translation machines will help us communicate anywhere ....**
➡ 〈help＋O＋*do*〉は「O が〜するのを手助けする」という意味を表す。

関係代名詞（非制限用法）

⑤ **In Japan, the number of young people is decreasing, which may cause a serious labor shortage.**
➡ 〜, which ... は関係代名詞の非制限用法で，「〜であり[だが]，そのことは…」と，先行する節の the number ... decreasing の内容を受けて説明を加えている。

文法詳細　pp.109~110

Q1. 日本語にしなさい。
He worked in the U.S. for ten years, which helps him speak good English.
（　　　　　　　　　　　　　　　　　　　　　　　　　　　）

⑥ **AI robots will help solve this problem.**
➡ help *do* は「〜するのを手助けする」という意味。

⑦ **In fact, AI robots are already being used in various areas such as ....**
➡ are already being used は「すでに使われている」という意味。are being used は現在進行形の受動態。〈am/are/is＋being＋過去分詞〉で「〜されている（ところだ）」という意味。

⑧ **... more advanced, they will do tiring and dangerous work in place of us.**
➡ in place of *A* は「*A* の代わりに」という意味。
Q2. ＿＿ を埋めなさい。
私は上司の代わりにその会議に行った。
I went to the meeting ＿＿＿＿＿＿ ＿＿＿＿＿＿ of my boss.

⑨ **As a result, we humans may be able to spend more time on creative ....**
➡ 〈spend＋時間＋on 〜〉は「〜に（時間）を使う」という意味。

読解のカギ Q の解答　Q1. 彼はアメリカで 10 年働いたが，そのことは彼が上手な英語を話す手助けとなっている。
Q2. in place

PART ④

ポイント　AI の進歩を心配する研究者がいるのはなぜでしょうか。

① Some researchers worry / that AI is developing too fast. //
心配する研究者もいる / AI があまりにも急速に進化していることを //
② Have you ever
あなたは～のこと

heard of / "the problem of 2045"? // ③ If AI develops at the present pace, / it is
を耳にしたことがあるか/「2045 年問題」//　　もし AI が現在のペースで進化すると / それは

expected / to exceed the human brain / in 2045. // ④ Some people say / it may
予想されている / 人間の脳を超えると / 2045 年に // 一部の人は言う / そのことが

cause many problems / we have never experienced before. // ⑤ Dr. Stephen
多くの問題を引き起こすかもしれないと / 私たちがこれまで経験したことのない // スティーヴン・

Hawking, / a famous physicist, / warns / that while AI has the potential / to
ホーキング博士は / 有名な物理学者である / 警告している / AI は可能性を有する一方で /

transform society, / it also comes with huge risks. //
社会を変革する / 大きなリスクも伴っていると //

⑥ If AI exceeds our brain, / what will our world be like? // ⑦ It might feel /
もし AI が私たちの脳を超えたら / 私たちの世界はどのようになるだろうか//それは感じがするかもしれない/

as if we were in a science fiction movie / where we were dominated by AI. //
まるで SF 映画の中にいるかのように / 私たちが AI に支配される //

⑧ When we think of AI, / we need to consider / the relationship between ourselves
AI のことを考えるとき / 私たちは熟考する必要がある / 私たち自身と AI の関係を

and AI. // ⑨ We must not forget / that we are developing AI / to make us happier. //
// 私たちは忘れてはならない / 私たちが AI を開発しているということを / 自分たちをより幸せにするために //

単語・熟語チェック

□ hear of ~	熟 ～のことを耳にする	□ potential	名 可能性
□ at ~ pace	熟 ～のペースで	□ transform	動 ～を変革する
□ exceed	動 ～を超える	□ science fiction movie	名 SF 映画
□ experience	動 ～を経験する	□ dominate	動 ～を支配する
□ physicist	名 物理学者	□ the relationship between A and B	
□ warn	動 ～を警告する		熟 A と B の関係

Check Up! ヒント

1. What is AI expected to do if it develops at the present pace?
（もしAIが現在のペースで進化すれば, それはどうすると予想されていますか。）　→本文③

2. What do some people say "the problem of 2045" may cause?
（一部の人は「2045年問題」が何を引き起こすかもしれないと言っていますか。）　→本文④

3. Why are we developing AI?
（私たちがAIを開発しているのはなぜですか。）　→本文⑨

🔊 Sum Up! ヒント

AI は 2045 年に人間の脳を（　　）だろうと予想されている。それは私たちがこれまで（　　）したことがない多くの問題を引き起こすかもしれないと言う人もいる。AI について考えるとき，私たちは人間と AI の（　　）を熟考する必要がある。私たちは，自分たちの（　　）のために AI を開発していることを（　　）なければならない。

🔑 読解のカギ

③ **If AI develops** at the present pace, **it is expected to exceed the human ....**
- ➡ at ~ pace は「~のペースで」という意味。
- ➡ be expected to *do* は「~すると予想[期待]される」という意味。〈S＋expect＋O＋to *do*〉「S は O が~することを予想[期待]する」の受動態となっている。

which[that]の省略

④ **... it may cause many problems [we have never experienced before].**
先行詞
- ➡ we have never experienced before は many problems を修飾する節。we の前に目的格の関係代名詞 which[that]が省略されている。

V　　O(that 節)
⑤ **..., warns that while AI has the potential to transform society, it also comes with huge risks.**
- ➡ that 以下は warn「~を警告する」の目的語となる that 節になっている。
- ➡ 接続詞 while はここでは「~する間に」という意味ではなく，「…だが，一方」という対比を表している。「AI には社会を変革する可能性がある」ことと，「それがまた大きなリスクを伴う」という 2 つの対照的な内容を示している。

⑥ **If AI exceeds our brain, what will our world be like?**
- ➡ what will our world be like? は〈What＋be 動詞＋*A*＋like?〉「*A* とはどのようなものか」という疑問文の未来形。

⑦ **It might feel as if we were in a science fiction movie [where we were dominated by AI].**
先行詞(場所)　　　　　　関係副詞
- ➡ might は過去の意味ではなく，「~かもしれない」という現在の推量を表す。
- ➡〈as if＋S＋動詞の過去形〉は「まるで~である[する]かのように」という現在の事実に反する仮定を表す仮定法過去の用法となっている。　　　文法詳細 p.110
- ➡ where 以下は a science fiction movie を修飾する関係副詞節。

✏ Q1.　＿＿＿を埋めなさい。
彼女はその木をまるで自分の子どもであるかのように世話をする。
She takes care of the tree ＿＿＿＿＿ ＿＿＿＿＿ it were her child.

📖 Grammar

G-1 ifを使わない仮定法過去

▶ **ifを使わない仮定法過去とは**

現在の事実に反することや実際には起こりえないことを表す場合には仮定法過去を使い，現在のことでも過去形で述べる。仮定法過去は基本的には〈If+S'+動詞の過去形，S+助動詞の過去形+動詞の原形〉で表すが，if節を使わずに別の表現で表すことがある。助動詞の過去形は would「〜だろうに」，could「〜できるだろうに」，might「〜かもしれない」を意味によって使い分ける。

Without

Without a map, she would be lost.

= If she didn't have a map, she would be lost.

（もし地図がなかったら，彼女は迷ってしまうだろうに。）

➡ 〈Without 〜，S+would+動詞の原形〉は「もし〜がなければ，Sは…だろうに」という意味。Without a map という副詞句が if 節の代わりをしている。

With

With a little more money, I could buy another coat.

= If I had a little more money, I could buy another coat.

（もう少しお金があれば，コートをもう1着買えるのに。）

➡ 〈With 〜，S+could+動詞の原形〉は「もし〜があれば，Sは…できるだろうに」という意味。With a little more money という副詞句が if 節の代わりをしている。

その他の副詞（句）

Ten years ago, I would drive much better.

= If it were ten years ago, I would drive much better.

（10年前だったら，私はもっと上手に運転するだろうに。）

➡ 副詞句の Ten years ago が if 節の代わりをしている。

不定詞句

To see his sister, you would fall in love with her.

= If you saw his sister, you would fall in love with her.

（もし彼の妹に会えば，あなたは彼女に恋をするだろうに。）

➡ 不定詞句の To see his sister が if 節の代わりをしている。

主語の名詞

I wouldn't go there so late at night.

= If I were you, I wouldn't go there so late at night.

（私だったら，こんなに夜遅くそこには行かないだろうに。）

➡ 主語の I が if 節の代わりをしている。

G-2 仮定法過去完了

▶ **仮定法過去完了とは**

過去の事実に反することを述べる場合，過去のことでも過去完了形を使う。これを仮定法過去完了といい，〈If＋S'＋had＋動詞の過去分詞，S＋助動詞の過去形＋have＋動詞の過去分詞〉の形で表す。助動詞の過去形は would, could, might を意味によって使い分ける。仮定法過去完了にも， G-1 のように条件節で if を使わない場合がある。

could

If I **had been** free, I **could have gone** with you.
　had ＋動詞の過去分詞　could ＋ have ＋動詞の過去分詞

（暇があったなら，君と一緒に行けたのに。）
　└── 実際には暇がなかったので一緒に行かなかった

➡ 〈If＋S'＋had＋動詞の過去分詞，S＋could＋have＋動詞の過去分詞〉で「もし（あの時）S'が〜だったならば，S は…できただろうに」という意味を表す。

would

If I **had known** his phone number, I **would have called** him.
　had ＋動詞の過去分詞　　　　　　　　would ＋ have ＋動詞の過去分詞

（彼の電話番号を知っていたなら，彼に電話したのに。）
　└── 実際には電話番号を知らなかったので電話しなかった

➡ 〈If＋S'＋had＋動詞の過去分詞，S＋would＋have＋動詞の過去分詞〉で「もし（あの時）S'が〜だったならば，S は…だっただろうに」という意味を表す。

might

If I **had tried** harder, I **might have won** the prize.
　had ＋動詞の過去分詞　　might ＋ have ＋動詞の過去分詞

（もしもっと一生懸命やっていれば，賞を取れたかもしれないのに。）
　└── 実際には一生懸命さが足りなかったので賞は取れなかった

➡ 〈If＋S'＋had＋動詞の過去分詞，S＋might＋have＋動詞の過去分詞〉で「もし（あの時）S'が〜だったならば，S は…だったかもしれないのに」という意味を表す。

G-3 先行する節や文を受ける関係代名詞, which

▶ **先行する節や文を受ける関係代名詞, whichとは**

関係代名詞の制限用法は先行詞を修飾する用法であるが，先行詞に補足的な説明を加える用法を非制限用法という。非制限用法は〈コンマ(,)＋関係代名詞〉の形で用いる。非制限用法で用いられる関係代名詞には who と which がある。which には先行する節や文，または文の一部を受ける用法があり，「〜であり［だが］，そのことは…」という意味を表す。who には先行する節や文を受ける用法はない。

whichが主語

He said he was a lawyer, **which** wasn't true.

　　　節が先行詞　　　　　　　└──┘↑（内容を受けて）そのことは…

（彼は弁護士だと言ったが，それは本当ではなかった。）

→ which は he was a lawyer という節を受けて「そのことは…」と主語の働きをしている。

whichが目的語

She became an actor, **which** we didn't find surprising.

　　文全体が先行詞　　　　　└──┘↑（内容を受けて）そのことを…

（彼女は俳優になったが，それを私たちは驚くべきことだとは思わなかった。）

→ which は前の文全体を受けて「そのことを…」と目的語の働きをしている。

G-4 as ifを使った仮定法

▶ **as ifを使った仮定法とは**

〈as if＋仮定法〉は，事実に反することをまるで事実であるかのように述べるときに使う。
〈as if＋S＋動詞の過去形〉で「まるで〜である[する]かのように」という意味を表す。

as if＋仮定法過去

　　　　　　　　┌──主節の treats と同じ時＝現在

He treats me **as if** I **were** a little child.

　　　　　　　　　　　動詞の過去形

（彼はまるで私を幼い子どものように扱う。）

　　　└──実際には幼い子どもではない

→ 〈as if＋仮定法過去〉は〈as if＋S＋動詞の過去形〉で表し，「まるで〜である[する]かのように」という意味を表す。

→ as if のあとに続く内容が主節の動詞と同じ時を表す場合に使う。

→ 仮定法過去では，主語が I や 3 人称単数でも，be 動詞の過去形は was ではなく were を使うことが多い。

as if＋仮定法過去完了

　　　　　　　　　　　　　　　┌──主節の looked より前の時＝さらに前の過去

She looked **as if** something bad **had happened**.

　　　　　　　　　　　　　　had ＋動詞の過去分詞（過去完了形）

（彼女は何か悪いことが起きたかのように見えた。）

　　　　　└──話者は実際には何も悪いことは起きなかったと思っている

→ 〈as if＋仮定法過去完了〉は〈as if＋S＋had＋動詞の過去分詞〉で表し，「まるで〜であった[した]かのように」という意味を表す。

→ as if のあとに続く内容が主節の動詞より前の時を表す場合に使う。

📎 **Finish Up!** ❶ヒント

1. 「ネコが持つ（　　）をすべて，AI に教える必要があった。」名詞が入る。
　（教 p.136, ℓℓ.8 ～ 9）
2. 「AI の学習過程は，人間の子どもが『ネコ』とは何かを学習する方法に（　　）。」形容
　詞が入る。（教 p.136, ℓℓ.14 ～ 15）
3. 「AI は人間の子どもよりずっと（　　）学習できる。」副詞が入る。（教 p.136, ℓℓ.15 ～ 16）
4. 「自動運転→交通事故を（　　）」動詞が入る。（教 p.138, ℓℓ.2 ～ 3）
5. 「携帯翻訳機→世界のどこででも私たちが（　　）するのを手助けする」動詞が入る。
　（教 p138, ℓℓ.3 ～ 4）
6. 「『AI ドクター』→人間の医者よりずっと迅速に（　　）を見つける」名詞が入る。
　（教 p.138, ℓℓ.4 ～ 6）
7. 「AI ロボット→深刻な労働力（　　）を解決する手助けをする」名詞が入る。
　（教 p.138, ℓℓ.7 ～ 9）
8. 「AI は 2045 年に人間の頭脳を（　　）と予想されている。」動詞が入る。
　（教 p.140, ℓℓ.3 ～ 4）
9. 「私たちがこれまで経験したことのない多くの問題を（　　）かもしれない」動詞が入
　る。（教 p.140, ℓℓ.4 ～ 6）
10. 「私たちは自分たちと AI の（　　）を熟考する必要がある。」名詞が入る。
　（教 p.140, ℓℓ.12 ～ 14）

📧 **OUTPUT** ❶ヒント

Listen

Daisuke: ・「私たちには AI との（　　）未来がくると信じている。」
　　　　　・「AI は（　　）や台風や（　　）などの（　　）災害を制御できるだろう。」
　　　　　・「私は（　　）人と同じくらい（　　）な AI のいちばんの（　　）を持つだろう。」

Risa:　　・「私は AI との未来のことを（　　）。」
　　　　　・「一部の（　　）人が（　　）のために（　　）を制御しようとして AI を使うか
　　　　　　もしれない。」
　　　　　・「その（　　），将来（　　）が起こるかもしれない。」
　　　　　・「私たちの未来をより明るくできるのも（　　）できるのも（　　）だ。」

Write & Speak

例 I think our future with AI is not necessarily bright because AI may cause some big
problems. For example, AI is so competent that it may deprive a lot of people of their
jobs, which would lead to very high unemployment. Also, introducing AI costs so
much money. That means AI may create a wider gap between the rich and the poor in
the future.

　It is true that AI can help us, but there are some disadvantages of using it, too. I'm
worried that our society will depend too much on AI.

Interact

例

Questions: What is the AI problem which makes you the most worried?

定期テスト予想問題　　　　　　解答 ⇒ p.173

1 日本語に合うように，＿＿に適切な語を入れなさい。
(1) 仮にあなたが目的地までずっと歩いていくとしよう。
　＿＿＿＿＿＿＿＿ you walk all the way to your destination.
(2) その時まさに，彼は部屋を出ようとしていた。
　He was ＿＿＿＿＿＿ ＿＿＿＿＿＿ leave his room then.
(3) あなたはエミと他の女の子を区別できますか。
　Can you ＿＿＿＿＿＿ Emi ＿＿＿＿＿＿ the other girls?
(4) 大雨が原因で，電車が止まった。
　The train stopped ＿＿＿＿＿＿ to heavy rain.

2 日本語に合うように，（　）内の語句のうち，適切なものを選びなさい。
(1) もし私が千葉に住んでいたら，毎日海で泳いだだろうに。
　If I had lived in Chiba, I (will swim, would swim, would have swum) in the sea every day.
(2) 父はまるで教師のように話す。
　My father speaks as if he (is, were, had been) a teacher.

3 日本語に合うように，（　）内の語句や符号を並べかえなさい。
(1) 彼女は試験に合格したが，そのことは両親を喜ばせた。
　(her parents / the exam / she / which / made / happy / passed / ,).
　＿＿＿＿＿＿＿＿＿＿＿＿＿＿＿＿＿＿＿＿＿＿＿＿＿.
(2) 彼はまるで何でも知っているかのように見える。
　(if / looks / he / as / he / everything / knew).
　＿＿＿＿＿＿＿＿＿＿＿＿＿＿＿＿＿＿＿＿＿＿＿＿＿.
(3) もしもっと早く着いていたら，彼に会えただろうに。
　If (could / him / had / seen / have / arrived / I / I / earlier / ,).
　If ＿＿＿＿＿＿＿＿＿＿＿＿＿＿＿＿＿＿＿＿＿＿＿.

4 次の英語を日本語にしなさい。
(1) Without the doctor, the hospital wouldn't be so famous.
　（　　　　　　　　　　　　　　　　　　　）
(2) The man said he didn't know her, which was not true.
　（　　　　　　　　　　　　　　　　　　　）
(3) I was hungry as if I hadn't eaten anything for days.
　（　　　　　　　　　　　　　　　　　　　）

5 次の英文を読んで，あとの問いに答えなさい。

　In Japan, ①the number of young people is decreasing, (　　) may cause a serious labor shortage. AI robots will help solve this problem. In fact, ②AI robots (areas / used / are / various / in / already / being) such as industry, nursing, and medical care. If they become more advanced, they will do tiring and dangerous work ③(　　) (　　) (　　) us. As a result, we humans may be able to spend more time on creative activities instead of doing those kinds of work.

(1) 下線部①が「若者の数が減少しているが，そのことが深刻な労働力不足を引き起こすかもしれない」という意味になるように，(　)に適切な語を入れなさい。

　＿＿＿＿＿＿＿＿

(2) 下線部②が「AI ロボットはすでにさまざまな分野で使われている」という意味になるように，(　)内の語を並べかえなさい。

　＿＿＿＿＿＿＿＿＿＿＿＿＿＿＿＿＿＿＿＿＿＿

(3) 下線部③が「私たちの代わりに」という意味になるように，(　)に適切な語を入れなさい。

　＿＿＿＿＿＿＿　＿＿＿＿＿＿＿　＿＿＿＿＿＿＿ us

(4) AI ロボットが進化して骨の折れる危険な仕事をやってくれるようになったら，その結果人間ができるようになるかもしれないことは何ですか。日本語で答えなさい。

　(　　　　　　　　　　　　　　　　　　　　　　)

6 次の英文を読んで，あとの問いに答えなさい。

　If AI exceeds our brain, what will our world be like? It might feel ①as if we were in a science fiction movie where we were dominated by AI. When we think of AI, we need to consider ②the relationship (　　) ourselves (　　) AI. We must not forget that ③(AI / are / make / happier / to / developing / we / us).

(1) 下線部①の英語を日本語に訳しなさい。

　(　　　　　　　　　　　　　　　　　　　　　　)

(2) 下線部②が「私たち自身と AI の関係」という意味になるように，(　)に適切な語を入れなさい。

　the relationship ＿＿＿＿＿＿ ourselves ＿＿＿＿＿＿ AI

(3) 下線部③が「私たちは自分たちをより幸せにするために AI を開発している」という意味になるように，(　)内の語を並べかえなさい。

　＿＿＿＿＿＿＿＿＿＿＿＿＿＿＿＿＿＿＿＿＿＿＿＿

Optional Lesson 1

Language Change over Time

◀ ポイント 　言葉は時間の経過とともに変化するでしょうか。

Sakura: ① Today, three speakers are going to make a presentation. // ② I'm the
サクラ： 　　　　　　　今日は3人の人が発表します 　　　　　　　// 　私が司会を

moderator. // ③ Junya is the first speaker. //
務めます 　// 　ジュンヤが最初の発表者です 　//

Junya: ④ I'm going to talk / about "the change of language over time." //
ジュンヤ： 　私はお話しします 　/ 　「時間の経過とともに起こる言葉の変化」について 　//

⑤ Actually, / our language is changing / so slowly / that we are not aware of it. //
実際 / 私たちの言葉は変化しているので / とてもゆっくりと / 私たちはそのことに気づいていません //

⑥ However, / we know / how difficult it is / to read / what was written a long time
けれど / 私たちは知っています / どんなに難しいかを / 読むことが / 大昔に書かれたものを

ago. // ⑦ For example, / the English that was used / in the days of Shakespeare /
// 　　たとえば 　　/ 　　使われていた英語は 　/ 　　シェイクスピアの時代に 　/

was very different from present-day English. // ⑧ Please take a look at Slide 1. //
　　現代の英語とは随分違っていました 　　// 　　スライド1をご覧ください 　　//

⑨ This is a famous line / from *Romeo and Juliet*. // ⑩ You can see / how
これは有名なセリフです 　/ 『ロミオとジュリエット』に出てくる // 　わかりますね / 言葉が

different the words / in those days were. //
いかに違っていたかが 　/ 　　当時の 　　//

◀✓ 単語・熟語チェック

☐ **over time**	熟 時間の経過とともに	☐ **moderator**	名 司会者
☐ **presentation**	名 発表	☐ **present-day**	形 現代の
☐ **make a presentation**	熟 発表をする	☐ **slide**	名 スライド

✓ Check Up! ヒント

1. Why are we not aware of language change?
（私たちが言葉の変化に気づいていないのはなぜですか。） →本文⑤

2. What do we know when we read what was written a long time ago?
（大昔に書かれたものを読むと，何がわかりますか。） →本文⑥

3. What does Slide 1 show?
（スライド1は何を示していますか。） →本文⑨

📄 Sum Up! ヒント

言葉の変化の速度は（　　）すぎて，私たちは気づくことができない。しかし，過去に（　　）
ものを読むと，私たちの言葉が何年もの間にどんなに（　　）ものになったかがわかる。1

つの例は，シェイクスピアの（　　）に使われていた英語と現代の英語の（　　）違いだ。

🎣 読解のカギ

⑤ **Actually, our language is changing so slowly that we are not aware of it.**

➡ 〈so ～ that ... 〉は「とても～なので…だ」の構文。

➡ it は直前の our language is changing を指す。

　　　　　　　　　S　　　　　V　　　　　O
⑥ **However, we know [how difficult it is to read [what was written a long time ago]].**　　疑問詞＋形容詞　S' V'　真主語

➡ 文構造は〈S＋V＋O〉で，間接疑問文 how difficult ... ago が文の O になっている。how difficult は「どのくらい難しいか」という意味。〈疑問詞 how＋形容詞〉で「どのくらい～か」という意味になる。疑問詞で始まる間接疑問文の節では，語順は〈疑問詞＋形容詞＋S'＋V'〉となる。　　　**文法詳細 pp.122~123**

➡ it は how difficult ... ago の中の形式主語。真主語は to read ... ago となる。

➡ 真主語中の what was written a long time ago は read の目的語。what は先行詞を含む関係代名詞で，「大昔に書かれたもの」という意味。真主語全体は「大昔に書かれたものを読むこと」という意味になる。

🎣 Q1. 並べかえなさい。

私は，彼らと一緒にいることがどんなにすてきなことかがわかった。

(with / it / to / how / was / them / realized / nice / I / be).

_____.

⑦ **For example, the English [that was used in the days of Shakespeare] was**　　先行詞 └────┘ 関係代名詞(主格)

very different from present-day English.

➡ that ... Shakespeare は the English を修飾する関係詞節。「英語」を表す English はふつう無冠詞だが，関係詞節で限定された特定の時代の英語を表しているので，定冠詞 the がついている。

⑧ **Please take a look at Slide 1.**

➡ take a look at ～は「～をちらっと見る」という意味。look at ～よりも軽く，押しつけがましさがないので，依頼文などでよく使われる。

　　　　S　　　V　　　　　　O
⑩ **You can see [how different the words in those days were].**　　疑問詞＋形容詞　　　　S'　　　　　V'

➡ ⑥と同様，〈S＋V＋O〉の文構造。how 以下が疑問詞で始まる間接疑問文で〈疑問詞＋形容詞＋S'＋V'〉の語順となっている。「当時の言葉がどんなに違っていたか」という意味。　　**文法詳細 pp.122~123**

🎣 Q2. 日本語にしなさい。

I cannot see how long it will take to get there on foot.

(　　　　　　　　　　　　　　　　　　　　　　　　　　　　　)

🎣 読解のカギ Q の解答　**Q1.** I realized how nice it was to be with them(.)
　　　　　　　　　　　　Q2. 私はそこへ徒歩で行くにはどれだけ(時間が)かかるかわからない。

PART ②

ポイント　自然を表す言葉はなぜなくなりそうなのでしょうか。

Sakura: ① Now we understand / that language changes over time. // ② The next
サクラ：　　さあ，わかりましたね / 言葉が時間の経過とともに変化するということが //　　次の

speaker is Kazuya. //
発表者はカズヤです　//

Kazuya: ③ The title of my presentation is, / "Will words referring to nature
カズヤ：　　　　私の発表のタイトルは～です　/　　　　「自然を表す言葉がなくなる？」

disappear?" // ④ What do you think of / when you hear the word "mouse"? //
// みなさんは何を思い浮かべますか /　　「マウス」という言葉を聞くと　　//

⑤ Many people will think of / the device / we use / to operate a computer. //
多くの人は思い浮かべるでしょう / 器具を / 私たちが使う / コンピューターを操作するために //

⑥ As you know, / however, / this word is also used for an animal. //
みなさんが知っているように / しかし / この言葉は動物を表すのにも使われます //

⑦ Think of other technology-related words / such as "Web," "tweet," "cloud,"
他のテクノロジーに関連した言葉を思い浮かべてみてください / 「ウェブ」や「ツイート」,「クラウド」,

and "stream." // ⑧ They were also originally used / to describe something in
「ストリーム」のような // それらももともとは使われていました /　　自然界のものを表すために

nature. // ⑨ Why are many nature-related words used / for technology? //
// なぜ多くの自然に関連した言葉が使われているのでしょうか / テクノロジーを表すために //

⑩ This is because / they help give us a clear image / of the item or the idea /
これは～だからです / それらが私たちにわかりやすいイメージを伝える手助けをする / 品物や概念の /

we are talking about. // ⑪ In the future, / children might no longer think of /
私たちが話題にしている　//　　　将来　/ 子どもたちはもはや思い浮かべないかもしれません/

clouds floating in the sky / when they hear the word "cloud." //
空に浮かぶ雲を　/　「クラウド」という言葉を聞いたとき　//

単語・熟語チェック

- [ ] **refer**　　　　　動 表す
- [ ] **refer to ~**　　　熟 ～を表す
- [ ] **operate**　　　　動 ～を操作する
- [ ] **as you know**
　　　　　　　　熟 あなたが知っているように
- [ ] **technology-related**
　　　　　　　　形 テクノロジーに関連した

- [ ] **web**　　　　　名 ウェブ，クモの巣
- [ ] **tweet**　　　名 ツイート，（小鳥の）さえずり
- [ ] **stream**　　　　名 ストリーム，小川
- [ ] **originally**　　　副 もともとは
- [ ] **nature-related**　形 自然に関連した
- [ ] **float**　　　　　動 浮かぶ

✓ Check Up! ヒント

1. What will many people think of when they hear the word "mouse"?
（「マウス」という言葉を聞くと，多くの人は何を思い浮かべますか。）　→本文⑤

2. What were technology-related words such as "Web" originally used for?
（「ウェブ」のようなテクノロジーに関連した言葉は，もともとは何を表すために使われていましたか。）
→本文⑧

3. Why are many nature-related words used for technology?
（なぜテクノロジーを表すのに，自然に関連した言葉が多く使われていますか。）　→本文⑩

Sum Up! ヒント

たくさんの自然に関連した言葉が，（　　）に関連した意味を持つようになってきた。たとえば，「マウス」という言葉は，（　　）を表すために使われる。しかし今日では，この言葉を聞くと，多くの人が（　　）を操作する器具を思い浮かべる。将来は，「クラウド」の（　　）意味は（　　）の間ではなくなってしまうかもしれない。

読解のカギ

③ ..., "Will words referring to nature disappear?"

➡ referring to ～は，「～を表す」という意味。
➡ 現在分詞 referring の形容詞的用法で，to nature を伴って words を後ろから修飾している。

⑥ As you know, however, this word is also used for an animal.
➡ however は副詞で，前に述べた内容との対比や反意を表す。however の位置は文頭，文中，文末のいずれでもよい。ただし，接続詞ではないため，2つの文（この場合は⑤と⑥）を1つにつなぐことはできない。

⑩ This is because they help give us a clear image of the item or the idea [we are talking about].　V　O(人)　O(もの)
　　　　関係代名詞 which または that が省略されている

➡ This is because ～は「これは～だからだ」と理由を表す表現。　文法詳細 p.123
➡ help (to) do は「～するのを手助けする」という意味を表す。
➡ 〈give＋O(人)＋O(もの)〉の第4文型になっている。
➡ or は the item と the idea をつないでいて，この2つの先行詞を関係詞節 we are talking about が修飾している。we の前に関係代名詞 which または that が省略されている。2つの先行詞は about の目的語になり，関係詞節は「(先行詞について)私たちが話題にしている」という意味を表す。

Q1. 日本語にしなさい。

She speaks English very well. This is because she was born in Canada.
（　　　　　　　　　　　　　　　　　　　　　　　　　　　　）

PART ❸

> **ポイント**　「大統領 (president)」という言葉は歴史の中でどう変わったでしょうか。

Sakura: ① That was an interesting presentation. // ② I didn't realize / that words
サクラ：　　　今のは興味深い発表でした　　//　私は気づきませんでした /　自然界の

for things in nature / had changed into those for technology. // ③ Now, the last
ものを表す言葉が　/　テクノロジーを表す言葉に変わっていたことを　//　　では，最後の

speaker is Emma. //
発表者はエマです　//

Emma: ④ I'm going to talk about / "how language changes / under the influence of
エマ：　　　私は~についてお話しします /「言葉がどのように変化するか」/　　　政治の影響を

politics." // ⑤ Do you know / how the word "president" was created? //
受けて」//　みなさんはご存知ですか /「大統領(president)」という言葉がどうやって作られたかを //

⑥ When America achieved independence, / people discussed / what they should
　　　アメリカが独立を果たしたとき　　　/　人々は議論しました / 彼らは何と呼ぶべきか

call / the head of their country. // ⑦ They did not want a strong name like "king" /
/ 自分たちの国のリーダーを // 彼らは「国王(king)」のような強力な呼称を望みませんでした /

for their republic country. // ⑧ The word they finally chose / was "president," /
　自分たちの共和国に対して　　//　　彼らが最後に選んだ言葉は　/「president」でした /

which meant / a person who presides over a meeting. // ⑨ It did not sound
それは意味しました /　　会議の司会をする人を　　　　// それは十分力強く聞こえるもの

powerful enough / to express the person's authority. // ⑩ However, / it is now
ではありませんでした /　その人物の権威を表すのに　//　　しかし　/　今では

used / in about 150 countries / and gives us the impression of great power. //
これは使われています / およそ 150 の国で /　そして強力な権力という印象を与えます　//

単語・熟語チェック

- [ ] **under the influence of** ~ 熟 ~の影響を受けて
- [ ] **politics** 名 政治
- [ ] **independence** 名 独立
- [ ] **republic** 名 共和国
- [ ] **republic country** 名 共和国
- [ ] **mean** 動 ~を意味する
- [ ] **meant** 動 mean の過去形・過去分詞
- [ ] **preside** 動 司会を務める
- [ ] **preside over a meeting** 熟 会議の司会をする
- [ ] **authority** 名 権威
- [ ] **impression** 名 印象

✓ Check Up! ヒント

1. When America achieved independence, what did people discuss?
（アメリカが独立を果たしたとき，人々は何を議論しましたか。）　→本文⑥

2. What did the word "president" originally mean?
（「president」という言葉は，もともとは何を意味していましたか。）　→本文⑧

3. Why was the word "president" chosen?

（「president」という言葉が選ばれたのはなぜですか。）　→本文⑦⑨

📱 Sum Up! ヒント

アメリカが（　　）を果たしたとき，人々は自分たちの国の（　　）を表すために，「president」という言葉を使うことを決めた。それは会議の（　　）人を意味するにすぎなかったので，（　　）名前ではなかった。しかし，今ではその言葉はおよそ 150 の国で使用され，私たちに強力な権力という（　　）を与える。

🔑 読解のカギ

② **... words for things in nature had changed into those for technology.**

➡ those は同一語の繰り返しを避けるため，words の代わりに使われている。同一語の繰り返しを避けるためには，〈a＋単数名詞〉は one，〈the＋単数名詞〉は that，〈the＋複数名詞〉は those を用いる。ただし，複数名詞に，その名詞を限定する語句（ここでは for things in nature）が付いている場合，the はなくても those で受けられる。

⑤ **Do you know how the word "president" was created?**

➡ how で始まる間接疑問文が，know の目的語となっている。　文法詳細 pp.122~123

⑥ **When America achieved independence, people discussed what they should call the head of their country.**
　　　　　　　　　　　　　　　　　　　　　　　　S　　　V
　　O（間接疑問文）

➡ what で始まる間接疑問文が，discussed の目的語となっている。what ... country は「彼らは自分たちの国のリーダーを何と呼ぶべきか」という意味。文法詳細 pp.122~123

➡ discuss は他動詞なので，前置詞を置かずに目的語を続ける。

⑧ **The word they finally chose was "president," which meant a person who presides over a meeting.**

➡ 〈～, which ...〉は関係代名詞の非制限用法で，先行詞"president"に補足情報を付け加えている。that は非制限用法で使うことはできない。　文法詳細 pp.123~124

➡ "president"と引用符が付けられているのは，president という言葉が表す内容（大統領）ではなく president という言葉自体を表しているため。人ではなく言葉が先行詞なので，関係代名詞は which となっている。

🔑 Q1. 日本語にしなさい。

My best friend is Yuri, who always helps me.

（　　　　　　　　　　　　　　　　　　　　　　　　　　　　　　　）

⑨ **It did not sound powerful enough to express the person's authority.**

➡ 〈形容詞[副詞]＋enough to do〉で「～するのに十分…」という意味を表す。ここでは powerful を修飾して「その人物の権威を表すのに十分に（力強い）」という意味を表す。

🔑 読解のカギ Q の解答　**Q1.** 私の一番の友達はユリで，彼女はいつも私を助けてくれる。

PART ④

ポイント　他にどんな言葉の変化の例があるでしょうか。

Sakura: ① That is a very fascinating story. // ② All of you gave a wonderful
サクラ：　　　　それはとてもおもしろい話ですね　　//　　　　みなさん全員がすばらしい発表を

presentation. // ③ Do you know any other examples of language change? //
しました　//　　　みなさんは他にも何か言葉の変化の例を知っていますか　//

Kazuya: ④ Yes. // ⑤ The menus in Japanese restaurants have / lots of words
カズヤ：　　はい //　　　日本のレストランのメニューにはあります　/　　カタカナで

written in *katakana*. // ⑥ We originally borrowed these words / from foreign
書かれた言葉がたくさん　//　　私たちはもともとこれらの言葉を借用しました /　　外国語から

languages, / but they are now used / as Japanese words. //
　　/ しかしそれらは今では使われています / 日本語の言葉として //

Junya: ⑦ English speakers also borrowed words / from Japanese / such as "sushi"
ジュンヤ：　　　英語話者も言葉を借用しました　/　日本語から　/　「sushi(すし)」や

and "dashi." //
「dashi(だし)」のような //

Emma: ⑧ I'll show you another example / of language change / from my country. //
エマ：　　　もう1つの例を紹介しましょう　/　言葉の変化の　/　私の国から　//

⑨ Young people created new slang words / such as "TGIF" and "perf." // ⑩ "TGIF"
若い人たちが新しい俗語を作り出しました　/「TGIF」や「perf」のような // 「TGIF」は～を

stands for / "Thank God, It's Friday." / and "perf" is short for "perfect." //
表します /「Thank God, It's Friday.(やれやれ、やっと金曜日だ。)」/ また「perf」は「perfect(完璧な、申し分ない)」の短縮形です //

⑪ It has helped form / a new identity for their generation. //
それは～を確立するのに役立ってきました/ 自分たちの世代の新しいアイデンティティーを //

Sakura: ⑫ There might be other words / with an interesting history, / too. //
サクラ：　　他に言葉があるかもしれません　/　　おもしろい歴史を持つ　/　～も //

⑬ If we do further research, / we might be able to find / clues that help us
さらに調べてみたら　　/　　見つけられるかもしれません / 私たちが理解する手助け

understand / the history of our society. //
となる手がかりを　/　私たちの社会の歴史を　//

単語・熟語チェック

☐ **fascinating**	形 おもしろい，魅力的な	☐ *A* **be short for** *B*	熟 *A* は *B* の短縮形である
☐ **slang**	名 俗語，スラング	☐ **identity**	名 アイデンティティー
☐ **TGIF** 表 やれやれ，やっと金曜日だ。		☐ **further**	形 さらに進んだ
☐ *A* **stand for** *B*	熟 *A* は *B* を表す	☐ **clue**	名 手がかり

✓ Check Up! ヒント

1. What do the menus in Japanese restaurants have?
（日本のレストランのメニューには何がありますか。）　→本文⑤

2. What does the word "TGIF" stand for?
（「TGIF」という言葉は何を表しますか。）　→本文⑩

3. What might we be able to do if we do further research into the change of language?
（さらに言葉の変化を調べてみたら，何をすることができるかもしれませんか。）　→本文⑬

📖 Sum Up! ヒント

日本のレストランのメニューには，カタカナで（　　　）言葉がたくさん見られる。私たちは
これらの言葉を外国語から（　　　）し，日本語に（　　　）。アメリカでは，若い人たちが新し
い（　　　）の言葉を使い始めている。このようにして，彼らは自分たちの世代の新しい（　　　）
を作り出している。

🎵 読解のカギ

⑥ **We originally borrowed** these words **from foreign languages, but** they **are now used as Japanese words.**
　➡ these words も they も⑤の (lots of) words written in *katakana* を指す。

⑪ It **has** helped form **a new identity for their generation.**
　➡ It は⑨の内容（若い人たちが新しい俗語を作り出したこと）を指す。
　➡ help (to) *do* で「〜するのに役立つ」という意味を表す。

✍ Q1. 日本語にしなさい。

　This new system helps produce more crops.
　(　　　　　　　　　　　　　　　　　　　　　　　　　　　　　　　　　)

⑫ There might be **other words with an interesting history, too.**
　➡ might は「〜かもしれない」と現在の推量を表す助動詞。
　➡ There are 〜に推量の意味を加えると，There might be 〜「〜があるかもしれない」
　　となる。

⑬ If we do further research, we **might be able to find** clues [that help us
understand **the history of our society**].　　　先行詞　関係代名詞（主格）
　➡ might be able to *do* は「〜できるかもしれない」という意味。助動詞 might の直後
　　に can を続けることはできないため，be able to を使う。　文法詳細 p.124 ▶
　➡ that は主格の関係代名詞で that ... society が clues を修飾している。
　➡ 〈help + O (+ to) *do*〉で「O が〜するのに役立つ」という意味。

───────────────────────────────

🎵 読解のカギ Q の解答　**Q1.** この新しいシステムは，もっとたくさんの作物を生産するのに役立つ。

📖 Grammar

G-1 S＋V＋O（間接疑問文）

▶間接疑問文とは

疑問文が別の文の中で目的語（O）などになる場合，これを間接疑問文という。間接疑問文では，疑問文の語順ではなく，平叙文〈S'＋V'〉の語順になる。間接疑問文には，疑問詞に導かれるものと if［whether］に導かれるものがある。

S＋V＋O（疑問詞＋形容詞＋S'＋V'）（復習）

〔疑問文〕　　How old is the temple?　（その寺はどれくらい古いか。）
　　　　　　　疑問文の語順

　　　　　　We know.　（私たちは知っている。）

〔間接疑問文〕We know how old the temple is.
　　　　　　　S　V　　O　　　平叙文の語順（S'＋V'）

　　　　　　（私たちはその寺がどれくらい古いか知っている。）

➡ 疑問文が別の文に目的語（O）などとして組み込まれる場合，〈疑問詞＋形容詞〉の後の語順が平叙文と同じになる。

S＋V＋O（人）＋O（疑問詞＋S'＋V'）（復習）

〔疑問文〕　　Where did you find the photos?　（その写真をどこで見つけましたか。）
　　　　　　　疑問文の語順

　　　　　　Can you tell me?　（私に教えてくれませんか。）

〔間接疑問文〕Can you tell me where you found the photos?
　　　　　　　S　V　O（人）O　平叙文の語順（S'＋V'）

　　　　　　（その写真をどこで見つけたか私に教えてくれませんか。）

➡ 〈S＋V＋O（人）＋O（もの）〉の O（もの）が間接疑問文になっている。
➡ 疑問文の中の目的語（O）として疑問文が組み込まれる場合，文全体は疑問文の語順になるが，間接疑問文の部分は平叙文の語順となるので注意。

S＋V＋O（if［whether］＋S'＋V'）

〔疑問文〕　　Did you call her yesterday?　（昨日彼女に電話しましたか。）
　　　　　　　疑問文の語順

　　　　　　Do you remember?　（覚えていますか。）

〔間接疑問文〕Do you remember if［whether］you called her yesterday?
　　　　　　　S　V　　O　　　　平叙文の語順（S'＋V'）

　　　　　　（昨日彼女に電話したかどうか覚えていますか。）

➡ Yes/No で答える疑問文を間接疑問文にする場合は，疑問詞ではなく if または whether（いずれも「〜かどうか」の意味）を節の先頭に置き，平叙文の語順にする。

S+V+O(人)+O(if[whether]+S'+V')

I asked him **if[whether]** he wanted to join us.
S V O(人) O 　　　　平叙文の語順(S' + V')

（私は彼に私たちに加わりたいか尋ねた。）

➡ 〈S＋V＋O(人)＋O(もの)〉の O(もの)が if[whether]で導かれる間接疑問文になっている。

G-2 〈This[That/It] is because+S'+V'〉

▶〈This[That/It] is because＋S'+V'〉とは

前に述べた内容を this[that/it] で受けて、「これ[それ]は〜だから」という意味を表す。
because で導く節が補語になっていて，理由を述べる構文になっている。

〈This[That/It] is because＋S'+V'〉

John was late. **That was because** his train was late.
　　　　　　　John was late という内容

（ジョンは遅刻した。それは彼の電車が遅れたからだ。）

➡ 前の文 John was late. が結果，That was because 〜 . の文が原因(理由)を表している。結果を表す部分との心理的な距離によって，this, that, it は使い分ける。また，過去のことを述べる場合は be 動詞も過去になるのがふつうである。

G-3 関係詞の非制限用法

▶関係詞の非制限用法とは

関係代名詞，関係副詞にはそれぞれ制限用法と非制限用法がある。制限用法は，先行詞を形容詞的に修飾する用法である。それに対して，非制限用法は先行詞に補足的な情報を付け加える用法である。非制限用法では〈先行詞＋コンマ(,)＋関係詞 ...〉の形を取る。

制限用法と非制限用法の違い(関係代名詞)

〔制限用法〕　She has a son who lives in Nagoya.
　　　　　　　先行詞

（彼女には名古屋に住んでいる息子が１人いる。）

〔非制限用法〕She has a son, who lives in Nagoya.
　　　　　　　先行詞

（彼女には息子が１人いて，その息子は名古屋に住んでいる。）

➡ 制限用法では，関係詞節が a son を修飾して，「名古屋に住んでいる１人の息子」という意味になっている。他にも息子がいるかどうかはわからない。

➡ 非制限用法では，息子が１人いるという事実を述べた後で，その息子についての情報をさらに付け加えている。他に息子はいない。

➡ that には非制限用法はない。先行詞が固有名詞の場合には非制限用法の関係代名詞しか使うことができない。

関係副詞の非制限用法

We studied in London, <u>where</u> we bought many books.
　　　　　先行詞 └─────↑

（私たちはロンドンで勉強し，そこでたくさんの本を買った。）

➡ 関係副詞 where の非制限用法で，先行詞 London について補足説明を加えている。先行詞が固有名詞なので，非制限用法しか使えない。

➡ 非制限用法がある関係副詞は where と when だけで，how と why にはない。

先行する節や文を受けるwhichの非制限用法（復習）

They missed the train, <u>which</u> we didn't know.
　　先行詞（文全体）└─────↑

（彼らはその列車に乗り遅れたが，そのことを私たちは知らなかった。）

➡ 関係代名詞 which は，非制限用法で先行する節や文を受けることができる。

➡ They missed the train という文全体が先行詞となっていて，「〜であり［だが］，そのことを…」という意味を表している。節や文を受ける用法は which 以外の関係代名詞にはない。

G-4 〈助動詞＋be able to *do*〉

▶〈助動詞＋be able to *do*〉とは

助動詞の後に別の助動詞を重ねることはできないので，can の代わりに be able to *do* を，must の代わりに have to *do* を使うことがある。

〈助動詞＋be able to *do*〉

He might[may] <u>be able to</u> catch the bus.　（彼はそのバスに間に合うかもしれない。）
I <u>will be able to</u> help you move.　（私はあなたが引っ越す手伝いができるだろう。）

➡ might can, may can, will can のように助動詞を重ねることはできないので，「〜できるかもしれない」は might[may] be able to *do* で，「〜できるだろう」は will be able to *do* でそれぞれ表す。

〈助動詞＋have to *do*〉

She might[may] <u>have to</u> leave early.　（彼女は早退しなければならないかもしれない。）
We will <u>have to</u> speak to him.　（私たちは彼と話さなくてはならないだろう。）

➡ 「〜しなければならないかもしれない」は might[may] have to *do* で，「〜しなければならないだろう」は will have to *do* でそれぞれ表す。

📎 Finish Up! 🔊ヒント

1.『時間の経過とともに起こる言葉の（　　）』名詞が入る。（教 p.150, ℓℓ.4 ～ 5）
2.「シェイクスピアの時代に使われていた英語は，現代の英語ととても（　　）。」形容詞が入る。（教 p.150, ℓℓ.8 ～ 11）
3.『（　　）を表す言葉はなくなるだろうか。』名詞が入る。（教 p.152, ℓℓ.3 ～ 4）
4.「なぜ自然に関連した言葉が（　　）を表すのに多く使われるのか。」名詞が入る。（教 p.152, ℓℓ.12 ～ 13）
5.「それらは私たちが話題にしている品物や概念のわかりやすい（　　）を伝える手助けをする。」名詞が入る。（教 p.152, ℓℓ.13 ～ 15）
6.『（　　）の影響を受けて言葉がどのように変化するか。』名詞が入る。（教 p.154, ℓℓ.5 ～ 6）
7.「『（　　）』という言葉は，もともと会議の司会をする人を意味していた。」名詞が入る。（教 p.154, ℓℓ.11 ～ 13）
8.「それはその人物の（　　）を表すのに十分力強く聞こえるものではなかったが，今では強力な権力という印象を与える。」名詞が入る。（教 p.154, ℓℓ.13 ～ 17）
9.「カタカナで書かれる多くの日本語の言葉は，もともと（　　）語から借用された。」形容詞が入る。（教 p.156, ℓℓ.5 ～ 8）
10.「アメリカの若者は「TGIF」や「perf」などの新しい（　　）を作り出した。」名詞が入る。（教 p.156, ℓℓ.12 ～ 13）

➕ OUTPUT 🔊ヒント

Listen
Daisuke:・「日本の健康（　　）の費用は毎年増加していて, 今（　　）兆円を超えている。」
・「第1に，日本は（　　）人の数が増えていて彼らはよく病院に行く。」
・「第2に，日本人は外国の人よりよく医者に（　　），より多くの薬を（　　）。」
・「医者や薬に（　　）すぎないようにするべきだ。」
・「（　　）時間に起き，バランスのよい食事をとり，（　　）べきだ。」

Risa:・「日本の（　　）は減少しているが，国を（　　）するには労働力がよりたくさん必要だ。」
・「1つの解法はより多くの女性に（　　）もらうことだ。」
・「第1に，ある調査によると，女性の賃金は男性の約（　　）％しかない。」
・「第2に，子どもが保育所の（　　）リストに載っているため，働けない（　　）が多い。」
・「（　　）はこれらの問題を（　　）ために処置を講じるべきだ。」

Write & Speak
例 I'm going to talk about natural disasters. They make our life difficult, but some of them can be prevented by protecting nature.

One of the examples is landslides. We can prevent them by planting trees and protecting the forests. Like this, working for nature can lead to protecting our own lives.

Interact
例 Questions: Is there anything you do for nature?

📝 **定期テスト予想問題**　解答 → p.174

1 日本語に合うように，＿＿に適切な語を入れなさい。
(1) あなたが知っているように，今日はゲストを招いている。
　＿＿＿＿＿＿ you ＿＿＿＿＿＿, we have a guest today.
(2) 小野さんがその国際会議の司会をした。
　Mr. Ono ＿＿＿＿＿＿ ＿＿＿＿＿＿ the international meeting.
(3) ユキが今日発表をする予定だ。
　Yuki is going to ＿＿＿＿＿ a ＿＿＿＿＿ today.
(4) 誰でも時間の経過とともに変わる。
　Everyone changes ＿＿＿＿＿ ＿＿＿＿＿.

2 （　）内の指示に従って書きかえるとき，＿＿に適切な語句を入れなさい。
(1) Can you tell me? <u>What should I do?</u>　（下線部を間接疑問文にして1つの文に）
　Can you tell me ＿＿＿＿＿＿＿＿＿＿＿＿？
(2) I don't know. <u>Will it rain today?</u>　（下線部を間接疑問文にして1つの文に）
　I don't know ＿＿＿＿＿＿＿＿＿＿＿＿.
(3) I met Beth. <u>She</u> is my old friend.　（下線部を関係代名詞にして1つの文に）
　＿＿＿＿＿＿＿＿＿＿＿＿＿＿＿＿.

3 日本語に合うように，（　）内の語句を並べかえなさい。
(1) 子どもたちは独力で学校に行けるだろう。
　(able / go / will / school / be / to / to / the children) on their own.
　＿＿＿＿＿＿＿＿＿＿＿ on their own.
(2) いつその手紙が書かれたか知っていますか。
　(was / know / do / when / written / the letter / you)?
　＿＿＿＿＿＿＿＿＿＿＿？
(3) 彼らは英語がどんなに重要かわかっていない。
　(how / they / know / important / don't / is / English).
　＿＿＿＿＿＿＿＿＿＿＿.

4 次の英語を日本語にしなさい。
(1) He looked happy. That was because he had passed the exam.
　（　　　　　　　　　　　　）
(2) She might be able to meet the journalist.
　（　　　　　　　　　　　　）
(3) We arrived at the station at six, when our train had already left.
　（　　　　　　　　　　　　）

5 次の英文を読んで，あとの問いに答えなさい。

Think of other technology-related words such as "Web," "tweet," "cloud," and "stream." They were also originally used to describe something in nature. Why are many nature-related words used ①(　　) technology? ②This (　　) (　　) they help give us ③a clear image of the item or the idea we are talking about.

(1) 下線部①が「テクノロジーを表すために」という意味になるように，(　　)に適切な語を入れなさい。

_____

(2) 下線部②が「これは～だからです」という意味になるように，(　　)に適切な語を入れなさい。
This _____ _____

(3) 下線部③の英語を日本語に訳しなさい。
(　　　　　　　　　　　　　　　　　　　　　　　　　　　　　)

6 次の英文を読んで，あとの問いに答えなさい。

Emma: I'll show you another example of language change from my country. Young people created new slang words such as "TGIF" and "perf." "TGIF" stands for "Thank God, It's Friday." and "perf" ①is (　　) (　　) "perfect." It has helped form a new identity for their generation.

Sakura: ②There might be other words with an interesting history, too. If we do further research, ③we (clues / able / that / might / help / to / find / be) us understand the history of our society.

(1) 下線部①が「～の短縮形である」という意味になるように，(　　)に適切な語を入れなさい。
is _____ _____

(2) 下線部②の英語を日本語に訳しなさい。
(　　　　　　　　　　　　　　　　　　　　　　　　　　　　　)

(3) 下線部③が「私たちが自分たちの社会の歴史を理解する助けとなる手がかりを見つけられるかもしれない」という意味になるように，(　　)内の語を並べかえなさい。

_____

(4) 次の質問に英語で答えなさい。
What does "TGIF" mean?

_____

Optional Lesson 2 : Letters from a Battlefield

PART ❶

ポイント この手紙はどこから送られたのでしょうか。

① *I really feel sorry for you, / hearing how your hands get cold and cracked /*
私は本当にあなたを気の毒に思う / いかにあなたの手が冷たくなり，ひび割れるのかを聞いて /

because of the cold weather and water in winter. // ② Whenever you use water, /
冬の寒い天候や冷たい水のせいで　　　// 　　水を使うときはいつでも　　/

make sure you dry your hands / and then rub them / until they get warm. //
必ず手を乾かしてください / それからそれらをこする（ようにしてください）/ それらが温まるまで //

③ (December 11, / 1944) //
12 月 11 日　/ 1944 年 //

④ This letter was written by Kuribayashi Tadamichi / to his wife. // ⑤ He
この手紙は栗林忠道によって書かれた / 彼の妻へ宛てて / 彼は

was a commander on Iwoto, / a battlefield during World War Ⅱ. // ⑥ He wrote many
硫黄島の司令官だった　/ 第二次世界大戦中の戦場であった // 彼は多くの手紙を

letters to her / from there. //
彼女に書いた / そこから //

⑦ Iwoto is a small flat island / that lies 1,250 km south of Tokyo. // ⑧ One of
硫黄島は小さく平らな島だ / 東京から 1,250km 南にある // 最も激しい

the hardest battles / between Japan and the US / was fought there. // ⑨ The island
戦闘の 1 つが / 日本とアメリカの間の / そこで行われた // その島は

was a very important place / for both the US and Japan. // ⑩ For Japan, / it was the
非常に重要な場所だった / アメリカと日本の双方にとって // 日本にとっては / そこは最後の

last base / to protect the mainland. //
拠点だった / 本土を守るための //

✅ 単語・熟語チェック

☐ **battlefield**	名 戦場	☐ **flat**	形 平らな
☐ **cracked**	形 ひび割れた	☐ **lie**	動 ある，位置する
☐ **make sure + S + V**		☐ **battle**	名 戦闘，戦い
	熟 S が必ず V するようにする	☐ **fight**	動 （戦い）をする
☐ **dry**	動 ～を乾かす	☐ **fought**	動 fight の過去形・過去分詞
☐ **rub**	動 ～をこする	☐ **base**	名 拠点，基地
☐ **get warm**	熟 温まる	☐ **mainland**	名 本土
☐ **commander**	名 司令官		

✅ **Check Up!** ヒント

1. Who was Kuribayashi Tadamichi?　（栗林忠道とは誰ですか。）　→本文⑤

2. Who did Kuribayashi write many letters to?
　（栗林は誰へ宛てて多くの手紙を書きましたか。）　→本文④⑥

3. Why was Iwoto important for Japan?
　（硫黄島は日本にとってなぜ重要でしたか。）　→本文⑨⑩

📖 **Sum Up!** ヒント

栗林忠道は，第二次世界大戦中の（　　）であった硫黄島の（　　）だった。彼はそこから多くの手紙を妻に書いた。硫黄島は小さく平らな（　　）だが，アメリカと日本の双方にとって非常に（　　）場所だった。日本にとっては，そこは（　　）を守るための最後の拠点だった。

🔑 **読解のカギ**

① *I really feel sorry for you, hearing how your hands get cold and cracked because of the cold weather and water in winter.*

➡ hearing ... in winter は分詞構文。hearing という現在分詞が，語句を伴って前の文を修飾している。ここでは「～するので」という〈理由〉を表している。how 以下は間接疑問文で，hearing の目的語。　　文法詳細 p.136

➡ because of ～は「～のせいで」という意味。理由を表す。

② *Whenever you use water, make sure you dry your hands and then rub them until they get warm.*

➡ whenever は関係副詞の語尾に -ever が付いた複合関係副詞。〈whenever＋S＋V〉で「SがVするときはいつでも」という意味。　　文法詳細 p.137

➡ 〈make sure＋S＋V〉は「Sが必ずVするようにする」という意味。ここでは dry と rub という2つのVがある。them と they は your hands を指す。

➡ get warm は「温まる」という意味。

⑦ **Iwoto is a small flat island [that lies 1,250 km south of Tokyo].**
　先行詞（名詞）┗━━━━━━┛ 関係代名詞（主格）

➡ that lies 1,250 km south of Tokyo は〈物〉を表す先行詞 a small flat island を修飾する関係代名詞節。that は主格の関係代名詞。

⑨ **The island was a very important place for both the US and Japan.**

➡ both A and B は「AもBも両方とも」という意味。

⑩ **For Japan, it was the last base to protect the mainland.**

➡ to protect は「守るための」という意味を表す形容詞的用法の不定詞。the mainland を伴って直前の the last base を後ろから修飾している。

PART ❷

ポイント　なぜ日本兵は硫黄島で戦ったのでしょうか。

① Twenty thousand Japanese soldiers fought / in the battle on Iwoto, / while on
　　2万人の日本兵が戦った　　　/　　硫黄島の戦闘で　　　/　　一方

the American side / there were 60,000 soldiers. // ② The American side was sure /
アメリカ側には　/　　6万人の兵士がいた　　//　　アメリカ側は確信していた　/

that the Japanese side would be beaten / within five days. // ③ Contrary to this
　日本側が打ち負かされるだろうと　　/　　5日以内に　　//　　　　　　この予想に

expectation, / the battle continued / for over one month. //
反して　　/　　戦闘は続いた　　/　　1か月以上も　　//

④ Kuribayashi was leading the Japanese side. // ⑤ His mission was / to delay
　　栗林は日本側を率いていた　　　　　//　　彼の使命は~だった / アメリカの

the US attacks / on the Japanese mainland / for as long as possible. // ⑥ Losing
攻撃を遅らせること /　　日本本土への　　/　　できるだけ長く　　// 硫黄島を失うことは

Iwoto meant / losing the lives of many people / on the mainland. // ⑦ To complete
意味した　/　　たくさんの人の命を失うことを　/　　本土の　　//　　彼の使命を

his mission, / he was prepared to die on Iwoto / with his soldiers. //
完遂するために / 彼は硫黄島で死ぬ覚悟ができていた / 彼の兵士たちと共に //

⑧ He analyzed the geographical features of Iwoto carefully. // ⑨ Then he
　　彼は硫黄島の地理的な特徴を注意深く分析した　　//　　それから彼は

decided to fight against the US / by hiding underground. // ⑩ He believed / that his
アメリカと戦うことを決意した　/　地下に隠れることによって　//　彼は信じていた / 彼の

strategy would decrease / the loss of Japanese soldiers / and make the war longer. //
戦略が減らすだろうと　/　　日本兵の損失を　/ そして戦争をより長引かせるだろうと //

単語・熟語チェック

- beat　動 ~を打ち負かす
- beaten　動 beat の過去分詞
- contrary　副 反して
- contrary to ~　熟 ~に反して
- expectation　名 予想，期待
- lead　動 ~を率いる
- delay　動 ~を遅らせる
- attack　名 攻撃
- prepared　形 覚悟のできた
- be prepared to *do*　熟 ~する覚悟ができている
- analyze　動 ~を分析する
- geographical　形 地理的な
- fight against ~　熟 ~と戦う
- hide　動 隠れる
- underground　副 地下に
- strategy　名 戦略

✓ Check Up! ヒント

1. How long did the battle on Iwoto continue?
（硫黄島の戦闘はどのくらいの間，続きましたか。）　→本文③

2. What was Kuribayashi's mission?　（栗林の使命は何でしたか。）　→本文⑤

3. What did Kuribayashi analyze?　（栗林は何を分析しましたか。）　→本文⑧

📖 Sum Up! ヒント

アメリカ側は，日本側がすぐに（　　）と考えていたが，戦闘は1か月以上も続いた。栗林は日本側の（　　）だった。彼はアメリカの日本本土への攻撃を（　　）ようとした。彼はその島の地理的な特徴を（　　），（　　）隠れて戦うことを決意した。

🎼 読解のカギ

① **Twenty thousand Japanese soldiers fought in the battle on Iwoto, while on the American side there were 60,000 soldiers.**
➡ 接続詞 while は〈対比〉を表すこともある。〈..., while 〜〉で「…だが，一方〜」という意味。ここでは，日本兵の数とアメリカ兵の数を対比させている。

🎼 Q1. 日本語にしなさい。
He has already finished his homework, while I haven't finished mine yet.
（　　　　　　　　　　　　　　　　　　　　　　　　　　　　）

② **The American side was sure that the Japanese side would be beaten within five days.**
➡ 〈be sure that＋S＋V〉は「SはVだと確信している」という意味。主節の動詞が過去形なので，時制の一致により，that節の助動詞も would と過去形になっている。

③ **Contrary to this expectation, the battle continued for over one month.**
➡ contrary to 〜は「〜に反して」という意味。this expectation は②の内容を指す。

⑤ **His mission was to delay the US attacks on the Japanese mainland for as long as possible.**
➡ to delay は名詞的用法の不定詞。to delay 以下が文の補語になっている。
➡ 〈as＋原級＋as possible〉は「できるだけ〜」という意味。

⑦ **To complete his mission, he was prepared to die on Iwoto with his soldiers.**
➡ To complete は「〜するために」という動作の目的を表す副詞的用法の不定詞。
➡ be prepared to *do* は「〜する覚悟ができている」という意味。

⑨ **Then he decided to fight against the US by hiding underground.**
➡ fight against 〜は「〜と戦う」という意味。against は敵対の意味を表す前置詞。

🎼 読解のカギ Q の解答　**Q1.** 彼はすでに宿題を終えているが，一方，私はまだ自分の宿題を終えていない。

PART ❸

┌◆ポイント┐ 　（地下）壕を作ったとき，日本兵はどのような問題を抱えていたのでしょうか。

① To carry out Kuribayashi's plan, / his soldiers needed to dig into the ground /
　栗林の計画を実行するために　　/　　彼の兵士たちは地面を掘る必要があった　　/

and make a network of 500 underground shelters. // ② Digging there was extremely
　そして500の地下壕の網を作る必要があった　　　//　　　　　　そこを掘るのは極めて

difficult. // ③ The soldiers suffered from unbearable heat / of up to 60℃ / as well as
困難だった //　　兵士たちは耐えがたい暑さにも苦しんだ　/ 摂氏60度にまで達する / 硫黄ガス

sulfur gas. // ④ Moreover, / they could only have one bottle of water a day. //
だけでなく　//　　　　さらに　/　彼らは1日でボトル1本の水しか飲むことができなかった　//

⑤ However hard the work was, / Kuribayashi never stopped. //
　その作業がどんなに困難でも　/　栗林は決して止めなかった　//

　⑥ Although Kuribayashi was very strict, / he had another side too. // ⑦ He
　　　栗林は非常に厳格だったが　　/　彼には別の面もあった　　//　　彼は

encouraged his soldiers / to write letters to their families. // ⑧ The following is one
自分の兵士たちに勧めた　/　彼らの家族へ手紙を書くように　//　　　　　次のものは

of them. //
それらのうちの1つだ //

　⑨ *Whenever I can relax a little in the evening, / I imagine our children being*
　　　夕方，少しくつろげるときはいつも　/ 私は子どもたちがとてもお腹を空かせていることを

very hungry / and shoveling their meals into their mouths. // ⑩ *I sometimes feel /*
想像する　/　　そして食事を口にかき込むことを　//　　私はときどき感じる /

like I am sitting in front of Nobu / and have an impulse to talk to her. //
　信（のぶ）の前に座っているように　/　そして彼女に話しかけたい衝動を覚える　//

✔ 単語・熟語チェック

☐ shelter	名 避難壕，避難所	☐ a bottle of ～	熟 ボトル1本の～
☐ carry out ～	熟 ～を実行する	☐ strict	形 厳格な
☐ dig	動 掘る	☐ encourage	動 ～に勧める
☐ dig into ～	熟 ～を掘る	☐ encourage A to do	熟 Aに～するよう勧める
☐ network	名 網状のもの	☐ our children being very hungry	
☐ suffer	動 苦しむ	表 私たちの子どもがとても空腹であること	
☐ suffer from ～	熟 ～に苦しむ	☐ shovel	動 ～をかき込む
☐ unbearable	形 耐えがたい	☐ shovel A into one's mouth	
☐ A as well as B	熟 BだけでなくAも	熟 Aを口にかき込む	
☐ sulfur	名 硫黄	☐ meal	名 食事
☐ gas	名 ガス，気体	☐ like	接 ～のように

✔ Check Up! ヒント

1. What did the Japanese soldiers need to make?
　（日本兵は何を作る必要がありましたか。）　→本文①

2. Was Kuribayashi always strict?　（栗林は常に厳格でしたか。）　→本文⑥

3. What did Kuribayashi encourage his soldiers to do?
（栗林は自分の兵士たちに何をするように勧めましたか。）　→本文⑦

🔲 Sum Up! ヒント

栗林の兵士たちは地面を掘り，500の地下（　　）の（　　）を作る必要があった。その作業は（　　）だったが，栗林は決してあきらめなかった。栗林は非常に（　　）だったが，彼には別の面もあった。彼は自分の兵士たちに家族へ手紙を書くように（　　）。

🎵 読解のカギ

① **To carry out Kuribayashi's plan, his soldiers needed to dig into the ground and make a network of 500 underground shelters.**

➡ To carry out は「〜するために」という動作の目的を表す副詞的用法の不定詞。carry out 〜は「〜を実行する」という意味。

➡ dig into 〜は「〜を掘る」という意味。

③ **The soldiers suffered from unbearable heat of up to 60°C as well as sulfur gas.**

➡ suffer from 〜は「〜に苦しむ」という意味。

➡ up to 〜は「〜（に達する）まで」という意味。「〜」に上限の数字がくる。

➡ A as well as B は「B だけでなく A も」という意味。A に重点が置かれている。

④ **Moreover, they could only have one bottle of water a day.**

➡ moreover は「さらに」という意味の副詞。③の内容に④の内容を付け加えている。

➡ a[one] bottle of 〜は「ボトル 1 本の〜」，a day は「1 日につき」という意味。

⑤ **However hard the work was, Kuribayashi never stopped.**

➡ however は複合関係副詞。〈however＋形容詞[副詞]〉は，「どんなに〜でも」という譲歩の意味を表す副詞節を導く。　文法詳細 p.137

⑦ **He encouraged his soldiers to write letters to their families.**

➡ encourage A to do は「A に〜するよう勧める」という意味。

⑨ *Whenever I can relax a little in the evening, I imagine our children being very hungry and shoveling their meals into their mouths.*

➡ 〈whenever＋S＋V〉で「S が V するときはいつでも」という意味。　文法詳細 p.137

➡ being と shoveling は動名詞。動名詞の表す動作を行う人が文の主語である I と異なるので，動名詞の意味上の主語 our children が 1 つ目の動名詞の直前に置かれている。　文法詳細 pp.137〜138

➡ shovel A into one's mouth で「A を口にかき込む」という意味。

PART ④

ポイント 硫黄島の日本兵はどうなったのでしょうか。

① Unfortunately, / many of the soldiers' letters / were never delivered to the
不幸にも　　/　　兵士たちの手紙の多くは　　/　　決して本土に届けられることは

mainland. // ② On February 19, / the US Forces started to invade the island. //
なかった　//　　2月19日に　/　　アメリカ軍は島に侵攻し始めた　　　//

③ After fighting from underground shelters / for a month, / almost all of
地下壕から戦ったあと　　　　　/　1か月間　/　栗林の兵士たちの

Kuribayashi's soldiers / were killed. // ④ About five months later, / World War Ⅱ
ほとんど全員が　　/　亡くなった　//　　約5か月後　　/第二次世界大戦は

ended. //
終わった //

⑤ After the war, / some letters were returned to Japan / from the US. // ⑥ They
戦争のあと　/　何通かの手紙が日本へ返還された　/　アメリカから　//　それらは

had been taken from Iwoto / by the American soldiers. // ⑦ The following is one such
硫黄島から持ち去られていた　/　アメリカ兵たちによって　//　次のものはそのような手紙の

letter. // ⑧ Sadly, / the family members of the writer / have not been found yet. //
1つだ //　悲しいことに /　書き手の家族たちは　/　まだ見つかっていない　//

⑨ *Father, / Mother, / Torao, / Kei, / Eizo, / Tadashi, / Otaka, / Sueharu, / Tatsumi, /*
お父様/お母様/虎雄(とらお)/ケイ/榮造(えいぞう)/糺(ただし)/オタカ/季治(すえはる)/辰巳(たつみ)/

Fumiko, / and Tatsuko. // ⑩ *I would like to wish you all / good health and a long life. //*
文子(ふみこ)/そしてタツ子//　あなたがた皆に与えられることを望みたい /　健康と長寿が　//

⑪ *Father and Mother, / please take good care of yourselves / as you are getting older. //*
お父様，お母様　/ どうかお体を大事になさってください / お年を召されつつあるのですから //

単語・熟語チェック

☐ **force** 名 軍隊，陸軍
☐ **invade** 動 ～に侵攻する
☐ **sadly** 副 悲しいことに

☐ **wish** *A B* 熟 *A* に *B* が与えられることを望む
☐ **take care of** *oneself* 熟 (自分の)体を大事にする

Check Up! ヒント

1. What did the US Forces start to do on February 19?
（2月19日にアメリカ軍は何をし始めましたか。）　→本文②

2. How long did Kuribayashi's soldiers fight from underground shelters?
（栗林の兵士たちはどのくらいの間，地下壕から戦いましたか。）　→本文③

3. Why were some letters returned to Japan from the US after the war?
（戦争のあと，なぜ何通かの手紙がアメリカから日本へ返還されましたか。）　→本文⑤⑥

Sum Up! ヒント

アメリカ軍が硫黄島に（　　）し始めたので，兵士たちの手紙の多くは決して日本に（　　）

ことはなかった。1か月間，日本兵たちが地下壕から（　　）あと，彼らのほとんど全員が亡くなった。戦争のあと，何通かの手紙が日本へ（　　）。それらはアメリカ兵たちによって硫黄島から（　　）れていた。

読解のカギ

① **Unfortunately, many of the soldiers' letters were never delivered to the mainland.**
→ Unfortunately は文全体を修飾する副詞。「不幸にも」という意味。

③ **After fighting from underground shelters for a month, almost all of Kuribayashi's soldiers were killed.**
→ 前置詞 After のあとに動名詞 fighting が続いている。

Q1. 並べかえなさい。
彼女から手紙を受け取ったあと，私は彼女を訪ねた。
(receiving / from / her / a / after / letter), I visited her.
_____, I visited her.

⑥ **They had been taken from Iwoto by the American soldiers.**
→ They は⑤の some letters を指す。
→ had been taken は過去完了形の受動態。⑤の were returned「返還された」時点よりも以前のことなので，〈had been＋過去分詞〉の形になっている。　文法詳細 p.138

⑧ **Sadly, the family members of the writer have not been found yet.**
→ Sadly は文全体を修飾する副詞。「悲しいことに」という意味。
→ have not been found yet は現在完了形の受動態の否定文。〈have not been＋過去分詞＋yet〉で「(今までに)まだ～されていない」という意味を表す。　文法詳細 p.138

⑩ **I would like to wish you all good health and a long life.**
→ wish A B は「A に B が与えられることを望む」という意味。A に you all，B に good health and a long life がきている。you all は⑨に示された家族の全員を指す。

Q2. 日本語にしなさい。
I wish you good luck on your test.
(　　　　　　　　　　　　　　　　　　　　　　　　　　　　　　　　)

⑪ **Father and Mother, please take good care of yourselves as you are getting older.**
→ take care of oneself は「(自分の)体を大事にする」という意味。
→ as は「～なので」という〈理由〉の意味を表す接続詞。
→ get old は「年をとる」という意味。

読解のカギ Q の解答　**Q1.** After receiving a letter from her　**Q2.** あなたの試験がうまくいくように願っています。［あなたに試験で幸運が与えられることを望みます。］

📖 Grammar

G-1 現在分詞の分詞構文（付帯状況）（復習）

▶現在分詞の分詞構文とは

分詞で始まる語句が副詞として働き，主文の内容を補足説明することがある。このような句を分詞構文という。現在分詞の分詞構文は，付帯状況，時，理由など，いろいろな意味を表す。

付帯状況を表す現在分詞の分詞構文

①〈同時〉「〜しながら」

I was cooking dinner **listening** to music.
　　　　　　　　　　　　　現在分詞〈〜ing 形〉

= I was cooking dinner while I was listening to music.

（音楽を聞きながら，私は夕食を料理していた。）

➡〈S＋V ... 〜ing 形〉で「〜しながら，S は V する」という意味を表す。

➡〈同時〉の意味の〈付帯状況〉を表す場合，〜ing 形はふつう文末に置く。

②〈動作の連続〉「〜して，そして…」

Leaving the station at 10, the bus arrived at the park at 10:40.
　　　　現在分詞〈〜ing 形〉

The bus left the station at 10, **arriving** at the park at 10:40.

= The bus left the station at 10 and arrived at the park at 10:40.

（バスは10時に駅を出発して，10時40分に公園に着いた。）

➡〈〜ing 形，S＋V ...〉で「〜して，そして S は V する」，〈S＋V ...，〜ing 形〉で「S は V すると，〜する」という意味を表す。

➡〈動作の連続〉の意味の〈付帯状況〉を表す場合，先に起きることを前に置く。

時を表す現在分詞の分詞構文

Learning about new words, he uses this dictionary.
現在分詞〈〜ing 形〉

= When he learns about new words, he uses this dictionary.

（新しい語句を学ぶとき，彼はこの辞書を使う。）

➡〈〜ing 形，S＋V...〉で「〜するとき，S は V する」という〈時〉の意味を表す。

理由を表す現在分詞の分詞構文

Having enough money, he ate out last night.
現在分詞〈〜ing 形〉

= Because[Since / As] he had enough money, he ate out last night.

（十分なお金があったので，彼は昨夜，外食した。）

➡〈〜ing 形，S＋V...〉で「〜なので，S は V する」という〈理由〉の意味を表す。

G-2 複合関係副詞

▶**複合関係副詞とは**

関係副詞の語尾に -ever を付けたものを複合関係副詞といい，副詞節の働きをする。
wherever, whenever, however の 3 つがある。

---

wherever＋S＋V（復習）

You can sit **wherever** you like. （場所）（どこでも好きなところに座ってよい。）
          複合関係副詞　S　V

She cares about her children **wherever** they are. （譲歩）
                          複合関係副詞　S　V

（彼女は子どもたちがどこにいようとも，彼らのことを気にかけている。）

➡ wherever は「S が V するところはどこでも」という場所を表す意味と，「どこで[へ]
    S が V しようとも」という譲歩を表す意味がある。どちらの意味であるかは，文脈
    から判断する。

---

whenever＋S＋V（復習）

Take a rest **whenever** you feel tired. （時）（疲れたときはいつでも休みなさい。）
          複合関係副詞　S　V

You are welcome **whenever** you come. （譲歩）（あなたがいつ来ても歓迎します。）
          複合関係副詞　S　V

➡ whenever は「S が V するときはいつでも」という時を表す意味と，「いつ S が V し
    ようとも」という譲歩を表す意味がある。どちらの意味であるかは，文脈から判断
    する。

---

however＋形容詞[副詞]＋S＋V

However tired he was, he continued his work.
複合関係副詞　形容詞　S　V

（どんなに疲れていても，彼は仕事を続けた。）

However hard she tried to open the bottle, she couldn't.
複合関係副詞　副詞　S　V

（どんなに一生懸命，びんを開けようとしても，彼女はできなかった。）

➡ 〈however＋形容詞[副詞]＋S＋V〉で「どんなに～ S が V しようとも」という譲歩の
    意味を表す。

G-3 動名詞の意味上の主語

▶**動名詞の意味上の主語とは**

動名詞の表す動作を行う人が文の主語と異なるときは，動名詞の意味上の主語を動名詞の
直前に置く。〈*A*[(代)名詞の目的格・所有格]＋動名詞〉で「*A* が～すること」という意味
を表す。

She is proud of *her son*[*her son's*] being a doctor.
　　　　　　　意味上の主語　　　　　動名詞

（彼女は息子が医者であることを誇りに思っている。）

➡ 意味上の主語が名詞の場合，そのままの形か所有格を動名詞の前に置く。

意味上の主語が代名詞

My mother doesn't like *me*[*my*] wearing short skirts.
　　　　　　　　　　意味上の主語　動名詞

（母は私がミニスカートをはくのが好きではない。）

➡ 意味上の主語が代名詞の場合，目的格か所有格を動名詞の前に置く。

動名詞が文の主語

His[×*Him*] passing the exam pleased his parents.
意味上の主語　　動名詞

（彼が試験に合格したことは両親を喜ばせた。）

➡ 動名詞が文の主語になる場合，所有格のみを使う。目的格やそのままの形は使えない。

G-4 完了形の受動態（復習）

▶完了形の受動態とは

現在完了形または過去完了形と受動態を組み合わせた形を完了形の受動態という。現在完了形の受動態は〈have[has] been＋過去分詞〉の形で，現在までの継続・経験・完了の3つの意味を表す。過去完了形の受動態は〈had been＋過去分詞〉の形で，過去のある時点までの継続・経験・完了の3つの意味を表す。

現在完了形の受動態〈have[has] been＋過去分詞〉

The beach **has** just **been cleaned up** by volunteers.　（完了）
（そのビーチはボランティアによって掃除されたばかりだ。）

➡ has been cleaned up は「掃除された」という完了の意味を表す。現在完了形の受動態〈have[has] been＋過去分詞〉には完了以外に，継続，経験の用法もある。

過去完了形の受動態〈had been＋過去分詞〉

The house **had** already **been completed** when they saw it.　（完了）
（彼らが見たとき，その家はすでに完成されていた。）

I realized that the castle **had been loved** by many people for a long time.　（継続）
（私はその城が長い間多くの人々に愛されてきたことがわかった。）

The area **had been hit** by a typhoon many times before I moved there.　（経験）
（その地域は，私がそこへ引っ越すまでに，何度も台風に襲われたことがあった。）

➡ 過去完了形の受動態〈had been＋過去分詞〉は過去のある時点までの完了，継続，経験の意味を表す。

📎 Finish Up! 🔊ヒント

1.「それは小さく（　　）島だ。」形容詞が入る。(教 p.166, ℓℓ.11 ～ 12)
2.「東京から 1,250km（　　）にある。」副詞が入る。(教 p.166, ℓℓ.11 ～ 12)
3.「それはアメリカと日本の双方にとって非常に（　　）場所だった。」形容詞が入る。
　(教 p.166, ℓℓ.13 ～ 15)
4.「日本にとっては，そこは（　　）を守るための最後の拠点だった。」名詞が入る。
　(教 p.166, ℓℓ.15 ～ 16)
5.「彼は地下に（　　）によってアメリカと戦うことを決意した。」動名詞が入る。
　(教 p.168, ℓℓ.14 ～ 15)
6.「彼の兵士たちは 500 の地下壕の（　　）を作った。」名詞が入る。(教 p.170, ℓℓ.1 ～ 3)
7.「彼は兵士たちに家族へ（　　）を書くように勧めた。」名詞が入る。
　(教 p.170, ℓℓ.10 ～ 11)
8.「1945 年 2 月 19 日：アメリカ軍が島に（　　）を始めた。」動名詞が入る。
　(教 p.172, ℓℓ.2 ～ 3)
9.「1945 年 3 月下旬：硫黄島の戦闘が（　　）。」動詞が入る。(教 p.172, ℓℓ.3 ～ 5)
10.「戦争のあと：何通かの手紙がアメリカから（　　）。」動詞が入る。
　(教 p.172, ℓℓ.7 ～ 8)

🔂 OUTPUT 🔊ヒント

Listen
Risa
Details：・「あなたの（　　）はとてもおいしくて，あなたと料理するのはとても（　　）。」
　　　　・「あなたは私に人生は（　　）と（　　）でいっぱいだと教えてくれる。」
　　　　・「私が次にあなたを訪問するまで，元気で（　　）ください。」

Daisuke
Details：・「長い間（　　）いなかった！ 私たちが最後に会って（　　）約 2 年経つ。一緒に
　　　　過ごした日々を（　　）。」
　　　　・「今も私たちのチームがリレーで（　　）（　　）の日を覚えている。あなたの最
　　　　後の（　　）はすばらしかった。」
　　　　・「いつかまたあなたに（　　）を（　　）している。」

Write & Speak
例 Dear Alex,　　　　　　　　　　　　　　　　　　　　　　　　　　March 3, 2023

　How are you doing? I hope you and your family are doing well. I am enjoying my life in Japan, but I miss you and our time together in Australia. Thanks to you all, I had a great time there. You always helped and encouraged me during my stay.

　Now I'm studying hard to be a tour guide. If you have any chance to come to Japan, I would love to show you around my town.

　　　　　　　　　　　　　　　　　　　　　　　　　　　Sincerely yours, Haruka

Interact
例 Questions: What do you want Alex to see in your town if he visits Japan?

📝 定期テスト予想問題　　　解答 ➡ p.175

1 日本語に合うように，＿＿に適切な語を入れなさい。
(1) 食べる前に必ず手を洗うようにしなさい。
＿＿＿＿＿＿＿＿ ＿＿＿＿＿＿＿＿ you wash your hands before eating.
(2) 兵士たちは敵と戦った。
The soldiers ＿＿＿＿＿＿＿ ＿＿＿＿＿＿＿ the enemy.
(3) 先生は私に留学するよう勧めた。
My teacher ＿＿＿＿＿＿＿ me ＿＿＿＿＿＿＿ ＿＿＿＿＿＿＿ abroad.
(4) どうぞお体を大事になさってください。
Please ＿＿＿＿＿＿＿ ＿＿＿＿＿＿＿ ＿＿＿＿＿＿＿ ＿＿＿＿＿＿＿.

2 日本語に合うように，（　）内の語句のうち，適切なものを選びなさい。
(1) それがどんなに困難でもあきらめてはいけない。
Don't give up, (however, whenever, wherever) difficult it is.
(2) 電車を待っていたとき，私は彼女を見た。
(Wait, Waiting, Waited) for a train, I saw her.
(3) 彼が日本を出てヨーロッパに向かったことは私たちを驚かせた。
(He leaving, Him left, His leaving) Japan for Europe surprised us.

3 日本語に合うように，（　）内の語句を並べかえなさい。
(1) 私は彼女が行きたいところはどこでも彼女を連れて行った。
(took / wherever / go / I / to / her / wanted / she).
＿＿＿＿＿＿＿＿＿＿＿＿＿＿＿＿＿＿＿＿＿＿＿＿＿＿＿＿＿＿＿＿.
(2) 私がそこへ着いたときはすべての食べ物が食べられてしまっていた。
All (there / eaten / arrived / had / the food / I / been / when).
All ＿＿＿＿＿＿＿＿＿＿＿＿＿＿＿＿＿＿＿＿＿＿＿＿＿＿＿＿＿＿.
(3) 彼は母が看護師であることを誇りに思っている。
(proud / his / he / mother's / is / of / a nurse / being).
＿＿＿＿＿＿＿＿＿＿＿＿＿＿＿＿＿＿＿＿＿＿＿＿＿＿＿＿＿＿＿＿.

4 次の英語を日本語にしなさい。
(1) It seemed the building had not been used for 10 years.
（　　　　　　　　　　　　　　　　　　　　　　　　　　）
(2) Please call me whenever you have time.
（　　　　　　　　　　　　　　　　　　　　　　　　　　）
(3) I usually drive listening to music.
（　　　　　　　　　　　　　　　　　　　　　　　　　　）

5 次の英文を読んで，あとの問いに答えなさい。

Twenty thousand Japanese soldiers fought in the battle on Iwoto, (　①　) on the American side there were 60,000 soldiers. The American side was sure that the Japanese side would be beaten within five days. Contrary to ②this expectation, the battle continued for over one month.

Kuribayashi was leading the Japanese side. His mission was to delay the US attacks on the Japanese mainland for as long as possible. Losing Iwoto meant losing the lives of many people on the mainland. To complete ③his mission, ④he was prepared to die on Iwoto with his soldiers.

(1) (　①　)に入る適切な語を選びなさい。
　　a. because　　b. if　　c. since　　d. while　　　　　　(　　　)
(2) 下線部②はアメリカ側のどのような予想を指しますか。日本語で答えなさい。
　　(　　　　　　　　　　　　　　　　　　　　　　　)という予想。
(3) 下線部③は栗林のどのような使命を指しますか。日本語で答えなさい。
　　(　　　　　　　　　　　　　　　　　　　　　　　)という使命。
(4) 下線部④の英語を日本語に訳しなさい。
　　(　　　　　　　　　　　　　　　　　　　　　　　　　　　　)
(5) 次の質問に英語で答えなさい。
　　What did losing Iwoto mean?

___

6 次の英文を読んで，あとの問いに答えなさい。

To carry out Kuribayashi's plan, his soldiers needed to dig into the ground and make a network of 500 underground shelters. Digging there was extremely difficult. ①The soldiers suffered from unbearable heat of up to 60℃ as well as sulfur gas. (　②　), they could only have one bottle of water a day. ③(　　) (　　) the work was, Kuribayashi never stopped.

(1) 下線部①の英語を日本語に訳しなさい。
　　(　　　　　　　　　　　　　　　　　　　　　　　　　　　　)
(2) (　②　)に入る適切な語を選びなさい。
　　a. Instead　　b. Moreover　　c. Otherwise　　d. Therefore　　(　　)
(3) 下線部③が「その作業がどんなに困難でも」という意味になるように，(　)
　　に適切な語を入れなさい。　　_____ _____ the work was
(4) 次の質問に英語で答えなさい。
　　What did Kuribayashi's soldiers need to do to make shelters?

___

Reading 100 Voices from Denmark

Daisuke Ikenoue, *100 Voices from Denmark*

Scene ①-1

デンマークは幸せな国？　それとも？

① At an English discussion class, / Mr. Ikegami announced / to the class, /
英語のディスカッションの授業で / 池上先生は伝えた / クラスの生徒たちに /

"Today's topic is about Denmark, / which is famous for / trying to achieve the
「今日のトピックはデンマークについてです / それは〜で有名です / SDGs を達成しようと努めて

SDGs. // ② It is also known / as one of the happiest countries / in the world." //
いること// それはまた知られています / 最も幸福な国の1つとして / 世界で / //

③ Ms. Parker, a native English teacher, / asked the students, / "What do you
ネイティブの英語教師であるパーカー先生が / 生徒たちに尋ねた / 「デンマークに

know about Denmark?" //
ついてあなたたちは何を知っていますか」 //

④ Natsumi answered, / "There's a city called Copenhagen. // ⑤ You can see /
ナツミが答えた / 「コペンハーゲンと呼ばれる都市があります // あなたたちは見られます /

many pretty shops and traditional buildings / there." //
たくさんの感じのいい店や伝統的な建物を / そこで」 //

⑥ Hina said, / "Everyone in Denmark / must be happy / because it's known /
ヒナが言った / 「デンマークの人はみんな / きっと幸せです / それは知られているのだから /

as a happy country!" //
幸福な国として」 //

⑦ Laughter filled the classroom. //
笑いが教室にあふれた //

⑧ Mr. Ikegami asked, / "OK then, / what does it mean to be happy?" //
池上先生が尋ねた / 「そうですね，では / 幸せであるとはどういう意味ですか」 //

⑨ One student said, / "Having a lot of money / and eating delicious food!" //
1人の生徒が言った / 「たくさんお金があること / そしておいしい食べ物を食べること」 //

⑩ Natsumi followed, / "It's important / for everyone to be equal." //
ナツミが続いた / 「大切です / 誰もが平等であることが」 //

⑪ Ms. Parker said, / "Excellent! // ⑫ Equality is an essential keyword / to
パーカー先生が言った / 「いいですね // 平等はとても重要なキーワードです /

understand happiness in Denmark." //
デンマークの幸福を理解するための」 //

⑬ Natsumi and Hina felt excited / because they had applied / for the study
ナツミとヒナはわくわくしていた / 2人は応募していたから / デンマークの

abroad program to Copenhagen, Denmark / for a week. //
コペンハーゲンへの海外研修プログラムに / 1週間の //

✓ 単語・熟語チェック

☐ discussion	名 ディスカッション，議論	☐ equal	形 平等な
☐ Copenhagen	名 コペンハーゲン	☐ essential	形 とても重要な，不可欠な
☐ laughter	名 笑い	☐ keyword	名 キーワード
☐ what does it mean to be happy?		☐ apply	動 応募する
	表 幸せであるとはどういう意味ですか。	☐ apply for ～	熟 ～に応募する

🎵 読解のカギ

① ..., "Today's topic is about Denmark, [which is famous for trying to achieve the SDGs].
　　　　　　　　　　　　　　　先行詞└──────┘関係代名詞

➡ 〈～, which ...〉は関係代名詞の非制限用法。先行詞は Denmark で，「今日のトピックはデンマークについてですが，それ（＝デンマーク）は～」と補足説明をしている。

➡ be famous for ～の後に名詞が続くので，動詞 try が動名詞 trying になっている。「SDGs を達成しようとしていることで有名だ」という意味。

② It is also known as one of the happiest countries in the world.

➡ It は①の Denmark を指す。

⑥ ..., "Everyone in Denmark must be happy ...."

➡ must be ～は「～にちがいない」という意味。must には「～しなければならない」という意味もあるが，「～するにちがいない」という意味で使われることもある。どちらの意味かは，前後関係から判断する。

🎵 Q1. 日本語にしなさい。

She must be late for class because she missed her train.

（　　　　　　　　　　　　　　　　　　　　　　　　　　　　）

　　　　　　　　　　　　　形式主語　真主語
⑧ ..., "OK then, what does it mean to be happy?"

➡ it は形式主語で，真主語は to be happy。

　　　　　形式主語　　　意味上の主語　　　真主語
⑩ ..., "It's important for everyone to be equal."

➡ It は形式主語で，真主語は to be equal。真主語の意味上の主語は for everyone。「誰もが平等であることが大切だ」という意味になる。

⑬ Natsumi and Hina felt excited because they had applied for ....
　　　　　　　　　　　　　過去形　　　　　　　　　　　　　過去完了形

➡ felt excited「わくわくした」のは過去の出来事で，had applied for ～「～に応募した」のはそれより前なので，過去完了形になっている。apply for ～は「～に応募する」という意味。

🎵 読解のカギ Q の解答　**Q1.** 彼女は電車に乗り遅れたので，授業に遅刻しているにちがいない。

Scene ①-2

① The next moment, / what Mr. Ikegami wrote / on the blackboard / surprised
　　　次の瞬間　　/　池上先生が書いたものが　/　　　黒板に　　/　彼らを驚か

them. //
せた　//

② *Do you agree or disagree* / *with the law in Copenhagen* / *banning face-*
　　あなたは賛成ですか, 反対ですか /　　コペンハーゲンの法律に　/　　公共の場で顔を

coverings in public? //
覆うものの使用を禁じる　//

③ "Are there penalties?" // ④ "Can't we even wear a mask?" / some of the
　「罰があるんですか」　　//　　「マスクもできないのですか」　/　何人かの生徒が

students asked. //
尋ねた　　　　//

⑤ "No, you can't wear a mask, / and there is a penalty / if you do. // ⑥ If you
　「はい, マスクはできません　/　そして処罰されます　/ もしそれをしたら // もしその法律に違反

violate the law, / you will be fined, / or / you could even get arrested. // ⑦ In 2018, /
した　/ 罰金が科せられるでしょう / あるいは / 逮捕されることすらあるかもしれません // 2018 年に /

when this law was enforced, / masks were no longer allowed. // ⑧ One reason was /
　この法律が施行された時　　/　マスクはもう許可されなくなりました //　1 つの理由は〜でした /

to protect citizens / from terrorists, / and another was / to protect the rights of
　市民を守ること　/　テロリストから　/　もう 1 つは〜でした /　　女性の権利を守ること」

women," / said Ms. Parker. //
　　　/ パーカー先生が言った //

⑨ Natsumi asked, / "What do you mean / by the rights of women?" //
　ナツミが尋ねた　/　「どういう意味ですか　/　女性の権利とは」　　//

⑩ Mr. Ikegami explained further, / "Some religions have rules / that make
　池上先生がさらに説明した　　　/　「規則を持つ宗教があります　　既婚女性に

married women cover their faces. // ⑪ Don't you think / it's discriminatory / that
顔を覆わせるという　　　　　　//　　思いませんか　/　差別的だと　/　ある

a rule is applied / only to women / and not to men?" //
規則が適用されることは /　女性にだけ　/ そして男性には適用されない」//

✓ 単語・熟語チェック

☐ disagree	動 反対する	☐ get arrested	熟 逮捕される
☐ ban	動 〜を禁止する	☐ enforce	動 〜を施行する
☐ face-covering	名 顔を覆うもの	☐ citizen	名 市民
☐ penalty	名 刑罰, 処罰	☐ terrorist	名 テロリスト
☐ violate	動 〜に違反する	☐ the rights of women	名 女性の権利
☐ fine	動 〜に罰金を科する	☐ married	形 既婚の
☐ arrest	動 〜を逮捕する	☐ discriminatory	形 差別的な

🎵 **読解のカギ**

① ..., what **Mr. Ikegami wrote on the blackboard** surprised them.
　（先行詞を含む関係代名詞）　　　S　　　　　　　　　V　　　O

➡ what は先行詞を含む関係代名詞。この文は〈S＋V＋O〉の構造で，what ... blackboard が S となっていて，「池上先生が黒板に書いたもの」という意味を表す。

⑤ No, you can't wear **a mask, and there is a penalty if you** do.

➡ ④の Can't we 〜?「〜できないのですか」に対して答えが can't wear と否定文になるため，No で答えている。「はい，（マスクは）できません」という意味。

➡ do は wear a mask を示す代動詞。

🎵 **Q1.** ＿＿＿ を埋めなさい。

「怖くなかったのですか？」―「いいえ，怖かったですよ！」

"Weren't you afraid?" ― "＿＿＿＿＿＿, I was afraid!"

⑥ If you violate **the law**, ...

➡ the law は②の the law in Copenhagen banning face-coverings in public を指している。

⑧ One reason was to protect **citizens from terrorists, and** another was to
　S　　　V　　C（不定詞の名詞的用法）　　　　　　　　　　　　S　　　V

protect **the rights of women**, ...
C（不定詞の名詞的用法）

➡ 2 つの to protect は「〜すること」という意味の名詞的用法の不定詞で，補語(C)となっている。

➡ another は another reason を表し，one と呼応しそれとは別の 1 つの理由を表す。3 つ以上のうち「1 つは〜，もう 1 つは…」というときは one 〜, another ... と表し，2 つのうち「1 つは〜，もう 1 つは…」というときは one 〜, the other ... と表す。

⑩ ..., "Some religions have rules [that make married women cover **their faces**].
　　　　　　　　　　　先行詞⌐＿＿⌐ make　　　O　　　do

➡ that は rules を先行詞とする関係代名詞。

➡ make married women cover は「既婚女性に覆わせる」という意味を表す。〈make＋O＋do〉で「O に〜させる」という意味。

(that) ⌐形式主語　　　　真主語(that 節)
⑪ Don't you think it's discriminatory **that a rule is applied only to women and**
not to men?　S' V'　　C'

➡ it の前に接続詞 that が省略されていて，it's ... men が think の目的語となっている。

➡ it は形式主語で，真主語は that ... to men。

➡ apply to 〜は「〜に適用する」という意味を表す。not to men は (the rule is) not (applied) to men を表す。文全体は「ある規則が女性だけに適用され，男性には適用されないのは，差別的だと思いませんか」という意味になる。

Scene **1**-3

① "True... // ② Then this law is right! // ③ I agree!" / said Hina. //
「そのとおりだわ // じゃあ，この法律は正しいです // 私は賛成です」 とヒナが言った //

④ Mr. Ikegami smiled and continued, / "Hina, / hold your horses. // ⑤ What about
池上先生がにっこりして続けた / 「ヒナ / 慌ててはいけません // 〜の権利はどう

the rights of / those who wish to express / their religious beliefs? // ⑥ Religion, /
なるのでしょうか / 〜を表現したいと思う人 / 自分たちの宗教的な信仰 // 信仰は /

for many people, / is life itself. // ⑦ Isn't it natural / for them / to practice their
多くの人にとって / 生活そのものです // 〜は当然ではないでしょうか / 彼らが / 自分たちの

religion?" //
信仰を実践すること」 //

⑧ Natsumi said, / "Then I disagree with the law!" //
ナツミが言った / 「それなら私はその法律に反対します」 //

⑨ Ms. Parker said, / "This is a very controversial topic. // ⑩ You need to gather /
パーカー先生が言った 「これは大いに賛否両論のあるトピックです // 〜を集める必要があります /

as much information as possible / by researching it carefully and thoroughly / before
できるだけ多くの情報 / それを入念かつ徹底的に調べて / 結論を

you make your decision. // ⑪ Okay, / we will continue this conversation / later on." //
下す前に // では / この話は続けることにしましょう / 後ほど」 //

⑫ After class, / Mr. Ikegami called the two girls aside / and said, / "When you
授業の後 / 池上先生が2人の女子生徒を脇に呼んだ / そして言った / 「コペンハー

visit Copenhagen, / why don't you ask people / the same question that I asked you? //
ゲンに行ったら / 人々に尋ねてみたらどうだろう / 僕が君たちに尋ねたのと同じ質問を //

⑬ It won't be too late / to decide / which side you will be on / after your interviews." //
遅すぎないだろう / 決めるのは / 自分がどちらの側に立つかを / インタビューをした後で」 //

✓ 単語・熟語チェック

☐ **hold your horses**. 表 ちょっと待て。慌てるな。

☐ **itself** 代 そのもの，それ自身

☐ **controversial**
形 論争を呼ぶ，賛否両論のある

☐ **as much information as possible**
熟 できるだけ多くの情報

☐ **thoroughly** 副 徹底的に

☐ **later on** 熟 後ほど

♪ 読解のカギ

⑤ **What about the rights of those who wish to express their religious beliefs?**
➡ What about 〜? は「〜はどうですか。」という意味を表す。
➡ those who 〜は「〜である[する]人々」という意味。複数の人を表す。

⑥ **Religion, for many people, is life itself.**
➡ itself は再帰代名詞の強調用法で用いられている。この用法では，S, O, C などの名詞や代名詞の直後に再帰代名詞(myself, yourself, himself など)を置いて，「そのもの」や「それ自身」という意味を加え，その語の意味を強める。

➡ for many people はふつう itself の後に置かれるが，前後をコンマで区切って主語の直後に挿入されている。

🖊 **Q1. ＿＿ を埋めなさい。**

私はミカ自身に電話した。　I called Mika ＿＿＿＿＿.

形式主語　意味上の主語　真主語

⑦ Isn't it natural for them to practice their religion?
　 V　S　　　　　C

➡ it は形式主語，真主語は to practice 以下，意味上の主語は for them となっている。them は⑥で述べられている信仰が生活そのものの人々を指す。

➡ practice は「〜を実践する」という意味を表す。

⑩ You need to gather as much information as possible by researching it carefully and thoroughly before you make your decision.

➡ 〈as much＋不可算名詞＋as possible〉で「できるだけ多くの〜」という意味を表す。可算名詞の場合は〈as many＋可算名詞の複数形＋as possible〉となる。as much information as possible は「できるだけ多くの情報」という意味で gather の目的語（O）となっている。

➡ by researching it carefully and thoroughly は「それを入念かつ徹底的に調べることによって」という意味。

➡ it はここでずっと話題になっているコペンハーゲンの法律を表す。

➡ make *one's* decision は「自身の決定を下す」という意味。*one's* は make の主語と一致させる。

🖊 **Q2. 日本語にしなさい。**

They talked to as many students as possible.

（　　　　　　　　　　　　　　　　　　　　　　　　　　　　　）

⑫ After class, Mr. Ikegami called the two girls aside and said, ...

➡ call 〜 aside は「〜を脇に呼ぶ」という意味。

形式主語　　　　　　　　真主語

⑬ It won't be too late to decide (which side you will be on) after your interviews.
　　　　　　　　　　　　　　　V'　　　　O'(間接疑問文)

➡ It は形式主語で，真主語は to decide ... interviews。it won't be too late to decide 〜は「〜を決めることは遅すぎないだろう」という意味になる。

➡ which side you will be on は「あなたがどちらの側に立つか」という意味の間接疑問文で，decide の目的語となっている。間接疑問文の中は，平叙文と同じ S＋V の語順となる。which side が前置詞 on の目的語になっている。

➡ be on *one's* side は「〜の側に立つ，〜に賛成である」という意味を表す。

🖊 **Q3. ＿＿ を埋めなさい。**

私はあなたの側に立っています。　I am ＿＿＿＿＿ your ＿＿＿＿＿.

🎵 **読解のカギ** Qの解答　**Q1.** herself　**Q2.** 彼らはできるだけ多くの生徒に話しかけた[と話した]。　**Q3.** on, side

Scene ②

ああ！　コペンハーゲン！

① Now, / Natsumi and Hina are in Copenhagen, Denmark. // ② They are
今 / ナツミとヒナはデンマークのコペンハーゲンにいる // 2人は楽しく

having a wonderful time / sightseeing in the beautiful city / on their first day. //
過ごしている / その美しい都市を見学して / 初日に //

③ Look what we found! //
私たちが見つけたものをご覧ください //

① ④ Traditional brick buildings! // ⑤ We don't see any modern buildings. // ⇨②
伝統的なレンガの建物たち // 近代的なビルは1つも見えない //

⑥ Squares! // ⑦ Cafes! // ⑧ Music! // ⑨ Street Performances! // ⑩ The smell of /
広場 // カフェ // 音楽 // 路上パフォーマンス // 〜のにおい /

sweets, food, and coffee! // ⇨③ ⑪ Soldiers with guns / to protect the royal family. //
お菓子と食べ物とコーヒー // 銃を手にした兵士たち / 王族の警護にあたる //

⑫ They didn't smile. // ⇨④ ⑬ World-famous Little Mermaid! // ⑭ Literally little. //
彼らは笑みを浮かべなかった// 世界的に有名な人魚姫像 / 名前のとおり本当に小さい //

⇨⑤ ⑮ A lot of bicycles and few cars! // ⑯ Very eco-friendly! // ⇨⑥ ⑰ All gender
たくさんの自転車と, ほとんどない車 // とても環境に優しい // ジェンダーフリーの

restrooms are everywhere. // ⑱ The left one without heads means, / "Don't think, /
トイレはどこにでもある // 左側の頭のないのは意味している / 「(頭で)考えないで /

but feel it from the heart." // ⇨⑦ ⑲ Seagulls in the sky? // ⑳ No. // ㉑ No. //
心から感じて」 // 空を飛ぶカモメ // いえ // いえ //

㉒ They are wind turbines. // ㉓ Did you know / Denmark produces / over 50% of
それらは風力タービンです // あなたは知っていましたか / デンマークが生産していることを /

its electricity / from the wind? // ⇨㉔ The next day is the fieldwork day. //
電力の50%以上を / 風から // 翌日はフィールドワークの日だ //

✅ 単語・熟語チェック

☐ royal	形 王族の	☐ all gender restroom	
☐ royal family	名 王族		名 ジェンダーフリーのトイレ
☐ mermaid	名 人魚	☐ seagull	名 カモメ
☐ Little Mermaid	名 人魚姫像	☐ turbine	名 タービン
☐ literally	副 本当に, 文字どおり	☐ wind turbine	名 風力タービン
☐ eco-friendly	形 環境に優しい	☐ fieldwork	名 フィールドワーク

🔑 読解のカギ

分詞構文(付帯状況)

② **They are having a wonderful time** <u>sightseeing</u> **in the beautiful city on their first day.**
→ sightseeing ... city は「〜しながら」という意味の付帯状況の分詞構文になっている。

⑱ **The left one without heads means, ...**
→ one は単数の名詞を指す不定代名詞で, 写真の標識の左半分を指す。

Scene ❸ PART ❶-1

コペンハーゲンでのフィールドワーク

① The two girls were nervous / because of the many "what ifs" / they had in
2人の女の子は不安だった / 「もし〜ならどうしようかということ」がたくさんあって /

their heads. // ② "What if / no one can understand my English?" // ③ "What if /
頭の中に浮かんだ // 「もし〜ならどうしよう / 誰も私の英語を理解できなかったら」// 「もし〜ならどうしよう /

people get angry / when we ask this question?" //
人々が怒ったら / この質問をしたとき」 //

④ First, / they went to the UN City. // ⑤ They had some trouble / going
まず / 2人は国連都市に行った // 2人は少し手間取った /

through a security check, / but they then had a tour / of a very unique building /
セキュリティーチェックを受けるのに / しかしそれから，2人は見学した / とても珍しい建物を /

and a lecture about SDGs / from a UN staff member, Mr. Olsen. // ⑥ Natsumi and
そして SDGs に関する講義を受けた / 国連職員のオルセン氏から // ナツミと

Hina took a lot of notes / during the lecture. // ⑦ At the end of the lecture, /
ヒナはたくさんのメモを取った / 講義中に // 講義の終わりに /

Mr. Olsen said to them, / "That's all for today. // ⑧ Do you have any questions?" //
オルセン氏が2人に言った / 「今日の話はこれで終わりです // 何か質問はありますか // 」

⑨ Natsumi raised her hand. // ⑩ Showing him a board / in her hand, / she
ナツミが手を挙げた // ボードを彼に見せて / 手に持った / 彼女は

said, / "Do you agree or disagree / with this law?" //
言った / 「あなたは賛成ですか，反対ですか / この法律に」//

☑ 単語・熟語チェック

□ **what ifs**
　　　熟 もし〜ならどうするかということ

□ **UN City** 名 国連都市

□ **lecture** 名 講義

🔑 読解のカギ

which または that が省略

① **The two girls were nervous** because of the many **"what ifs"** [**they had in**
　　　　　　　　　　　　　　　　　　　　　　　　　　先行詞　　関係詞節
their heads].

➡ because of 〜は「〜のために」という意味で，of の後には名詞か代名詞が続く。

➡ 〈what if＋S＋V〉は「もし S が V するならどうする」という疑問文を作る表現であるが，この文の"what ifs"は，さまざまな「もし〜ならどうするかということ」を表している。具体的な疑問の例は②，③で述べられている。

➡ they had in their heads は"what ifs"を先行詞とする関係詞節。

➡ have 〜 in *one's* head は「〜を頭の中に浮かべる」という意味。

➡ they の前に，目的格の関係代名詞 which または that が省略されている。

② "What if **no one can understand my English?**"

③ "What if people **get angry when we ask this question?**"

→ ②「もし誰も私の英語を理解できなかったらどうしよう」、③「もしこの質問をして人々が怒ったらどうしよう」という意味。what if の後には，通常の if 節と同じ平叙文の語順の節が続く。

→ ②③ともに２人の女子生徒の頭の中に浮かんだ疑問を表しているので，引用符が付いている。

→ people はこの質問(この法律に賛成か反対か)をされた相手を意味する。

Q1. ＿＿を埋めなさい。

もしその試験に受からなかったら，どうしよう。

＿＿＿＿＿＿ ＿＿＿＿＿＿ I don't pass the exam?

⑤ They had some trouble going **through a security check, but they then**

had a tour of a very unique building (and) a lecture about SDGs from a
V　　　　　　　　　　O₁　　　　　　　　　　　　O₂

UN staff member, Mr. Olsen.

→ have trouble *do*ing は「～するのに手間取る[苦労する]」という意味を表す。had some trouble going through a security check は「セキュリティーチェックを受けるのに少し手間取った」という意味になる。

→ but 以下の had の目的語は a tour ... building と a lecture ... Mr. Olsen の２つ。and が２つの語句をつないでいる。

→ They と they はナツミとヒナの２人を指している。

Q2. ＿＿を埋めなさい。

私はそのプログラムに応募するのに手間取った。

I had ＿＿＿＿＿＿ ＿＿＿＿＿＿ for the program.

⑥ **Natsumi and Hina** took **a lot of** notes **during the lecture.**

→ take a note は「メモを取る」という意味。

⑩ Showing him **a board in her hand, she said, ...**

分詞構文(付帯状況)

→ Showing him a board in her hand は分詞構文で，「手に持ったボードを彼に見せながら」という意味。分詞構文の主語は，主節の主語と一致する場合，省略される。Showing の主語は she つまりナツミ。

→ him は Mr. Olsen を指す。

Q3. ＿＿を埋めなさい。

彼はコーヒーを飲みながら宿題をした。

He did his homework ＿＿＿＿＿＿ ＿＿＿＿＿＿.

読解のカギ Q の解答　**Q1.** What if　　**Q2.** trouble applying　　**Q3.** drinking[having] coffee

Scene **3** PART **1**-2

① To her surprise, / Mr. Olsen did not respond quickly. // ② She watched him
　彼女が驚いたことに /　　オルセン氏はすぐに返事をしなかった　　//　　彼女は彼が考える様子を

think / with his arms folded. // ③ Finally, / he started talking, / "That's a very
じっと見つめた /　腕を組んで　//　　ようやく　/　彼は話し始めた　/　「それはとても

difficult question. // ④ Taking everything into consideration, / however, / I
難しい質問です　　//　　　　あらゆることを考慮に入れると　　　/　でも　/ 私は

disagree. // ⑤ Personally, / I believe / individual freedom of expression / should
反対です　//　　個人的には　/ 私は～と信じています /　一人一人の表現の自由は / 保障される

be guaranteed, / and giving a penalty is not right. // ⑥ We should all have the
べきだ　/　　そして罰を与えることはよくない　　//　　　　私たちは皆自由を持つ

freedom / to do or not to do anything." //
べきです　/　何かをするかしないかを決める」 //

⑦ Then he put a sticker / on the Disagree section of the board / that Hina was
　　そして彼はシールを貼った /　　　　ボードの反対欄に　　　　/　　ヒナが持って

holding. // ⑧ It was the first memorable sticker / that they got in Denmark. //
いた　//　　それは最初の大切なシールになった　/　２人がデンマークでもらった　//

✓ 単語・熟語チェック

□ **with** *one's* **arms folded**　熟 腕を組んで　　　□ **personally**　副 個人的には
□ **consideration**　名 考慮　　　　　　　　　　　□ **guarantee**　動 ～を保障[保証]する
□ **taking** *A* **into consideration**　　　　　　　□ **memorable**　形 記憶に残る，大切な
　　　　　　　　　熟 *A* を考慮に入れると

🎵 読解のカギ

① **To her surprise, Mr. Olsen did not respond quickly.**
　➡ to *one's* surprise は「～が驚いたことに」という意味を表す。*one* には驚いた人を表す言葉が入る。

　　　　　　　　　　　　　　　with　　名詞　　状況を表す語句(過去分詞)
② **She** watched **him** think（with **his** arms folded）.
　　　知覚動詞　O　動詞の原形
　➡ この文の watch は知覚動詞。〈知覚動詞＋O＋動詞の原形〉で「O が～するのを(初めから終わりまで)見る[聞く，感じる，など]」という意味を表す。知覚動詞には〈知覚動詞＋O＋現在分詞〉で「O が～しているところを(ある時点で)見る[聞く，感じる，など]」という意味を表す用法もあるので違いに注意する。
　➡ with his arms folded は付帯状況を表し，「(彼が)腕を組んで」という意味で think を修飾している。〈with＋*A*[(代)名詞]＋状況を表す語句〉で「*A* が～の状態で」という付帯状況を表す。状況を表す語句には形容詞，分詞，前置詞句などがくる。ここでは過去分詞が状況を表す語句にきている。

♪ Q1. ＿＿＿ を埋めなさい。

私は彼がドアを閉めるのを見た。（閉め始めてから閉め終わるまで見た。）

I saw ＿＿＿＿＿＿ ＿＿＿＿＿＿ the door.

③ ..., "That's a very difficult question.

➡ That は 3 文前（教 p.184, ℓ.12）の問い, Do you agree or disagree with this law? を指している。

④ Taking everything into consideration, however, I disagree.
分詞構文（条件）

➡ taking A into consideration は, 「A を考慮に入れると」という意味の分詞構文。分詞構文には時, 原因・理由, 付帯状況などさまざまな意味があるがここでは条件を表す。条件を表す分詞構文は慣用表現以外ではあまり使われない。

⑤ Personally, I believe [individual freedom of expression should be
　　　　　　　　S　　V　　O
　　　　　　　　　　　└─ that の省略　　S'　　　　　　　　　　V'

guaranteed, and giving a penalty is not right].
　　　　　　　　　　S"　　　　V"　C"

➡ believe の O が, 接続詞 that の省略された名詞節となっている。名詞節の中には 2 つの節が含まれている。

➡ should be guaranteed は助動詞を含む受動態で, 「保障されるべきだ」という意味を表す。助動詞を含む受動態は〈助動詞＋be＋動詞の過去分詞〉の形をとる。

➡ giving a penalty は「罰を与えること」という意味の動名詞句。

♪ Q2. 日本語にしなさい。

Rice cannot be grown in high mountains.

(　　　　　　　　　　　　　　　　　　　　　　　　　　　　　　)

⑥ We should all have the freedom to do or not to do anything.
　　　　　　　　　　　　　　　↑_____｜ 不定詞の形容詞的用法

➡ to do or not to do anything は, 形容詞的用法の 2 つの不定詞が or でつながったもので, the freedom を修飾している。「何かをするかしないかを決める自由」という意味になる。不定詞の否定形は〈not to ＋動詞の原形〉となる。

➡ anything が 2 つの do の目的語を兼ねている。

♪ Q3. 並べかえなさい。

彼は二度と遅刻しないという約束を守った。

(his promise / late / he / to / kept / not / be) again.

＿＿＿＿＿＿＿＿＿＿＿＿＿＿＿＿＿＿＿＿＿＿＿ again.

Scene ❸ PART ❷-1

① Natsumi and Hina then / headed for the Copenhagen National Museum. //
ナツミとヒナはそれから / コペンハーゲン国立美術館へ向かった //

② They were surprised / at the size of the building. // ③ They started asking the
2人は驚いた / その建物の大きさに // 2人はあの質問をし始めた

question / to the visitors there / bravely. // ④ Soon, / the chief of the museum's
/ そこを訪れた見学客に / 勇気を出して // 間もなく / 美術館の主任警備官の

security guards, Henrik, / came over to Mr. Ikegami. //
ヘンリックさんが / 池上先生のところにやってきた //

⑤ He said, / "Are those Japanese girls / asking our visitors questions / your
彼は言った / 「あの日本人の女の子たちは / 私たちのお客様に質問している / あなたの

students?" //
生徒ですか」//

⑥ "Yes, they are. // ⑦ I'm their teacher." //
「はい，そうです // 私は2人の教員です」//

⑧ The guard warned the teacher, / "Our visitors are here / to enjoy art, / not to
警備員はその教員に忠告した / 「私たちのお客様はここにいる / 芸術を楽しむために / 質問に

answer questions. // ⑨ So please tell them / not to do that." //
答えるためではなく // ですから彼女たちに言ってください / そんなことをしないように」//

⑩ Mr. Ikegami apologized, / "We're terribly sorry. // ⑪ I will tell them / to stop
池上先生は謝った / 「大変申し訳ありません // 2人に言います / すぐに

immediately." //
やめるように」//

⑫ Then Henrik, / out of curiosity, / asked him, / "By the way, / what are they
それからヘンリックさんは / 好奇心から / 彼に尋ねた / 「ところで / 2人は何を質問

asking? // ⑬ Is this some kind of school project?" //
しているのですか // これは何か学校の研究課題のようなものですか」//

☑ 単語・熟語チェック

☐ head for ～	熟 ～へ向かう	☐ terribly	副 とても，ひどく
☐ bravely	副 勇気を出して	☐ immediately	副 すぐに
☐ chief	名 主任，チーフ	☐ curiosity	名 好奇心
☐ apologize	動 謝る	☐ out of curiosity	熟 好奇心から

🔑 読解のカギ

② **They were surprised at the size of the building.**
→ be surprised at ～は「～に驚く」という意味を表す。

現在分詞の形容詞的用法

⑤ He said, "**Are those Japanese girls [asking our visitors questions] your**
   students?" V   S   C
   ➡ 会話文の中は〈SVC〉の文型の疑問文になっている。
   ➡ asking our visitors questions は，現在分詞の形容詞的用法で，those Japanese
      girls を修飾している。会話文の中は，「私たちのお客様に質問しているあの日本人
      の女の子たちは，あなたの生徒ですか」という意味になる。
   ➡ our visitors は，コペンハーゲン国立美術館を訪れている見学客たちを指す。店，会
      社などの者がその店や会社などを指すとき，話し手は単数でも，we/our/us を使う。

⑧ The guard warned the teacher, "**Our visitors are** here to enjoy art, not to
   answer questions.
   ➡ here はコペンハーゲン国立美術館を指す。
   ➡ to enjoy と to answer の 2 つの不定詞は，目的を表す副詞的用法で用いられている。
   ➡ *A*, not *B* で「*B* ではなく *A*」という意味。not to answer questions は「質問に答える
      ためではなく」という意味。

⑨ So please tell them not to do that.
   ➡ 〈tell＋O＋not to *do*〉は「O に～しないように言う」という意味を表す。
   ➡ them はヒナとナツミ，that は asking our visitors questions「私たちのお客様に質
      問すること」を指す。

   Q1. ＿＿を埋めなさい。
   子どもたちに今この部屋に入らないように言ってください。
   Tell the children ＿＿＿＿＿＿ ＿＿＿＿＿＿ ＿＿＿＿＿＿ this room now.

⑩ Mr. Ikegami apologized, "**We're** terribly sorry.
   ➡ 池上先生はヒナとナツミを代弁して謝っているので，I'm sorry ではなく，We're
      sorry と言っている。

⑫ Then Henrik, out of curiosity, asked him, ...
   ➡ out of curiosity は「好奇心から」という意味。前後をコンマで区切った挿入句とし
      て S と V の間に割り込んでいる。

⑬ Is this some kind of school project?
   ➡ some kind of ～は「何かの種類の～」という意味。
   ➡ 〈some＋可算名詞の単数形〉は「いくつかの～」ではなく，「何かの～」という意味
      になる。

   Q2. 日本語にしなさい。
   The street was crowded because of some accident.
   (   )

  読解のカギ Q の解答　**Q1.** not to enter　　**Q2.** 何かの事故のために，通り[道]が混雑していた。

Scene ❸ PART ❷-2

① When the girls came back, / they showed the board to Henrik / and
　女の子たちは戻ってくると　/　　ボードをヘンリックさんに見せた　/　そして

explained their project. // ② He looked at the board / and said, / "That's a tough
自分たちの研究課題について説明した //　彼はボードを見た　/　そして言った　/　「それは難しい

question! // ③ Am I allowed to give my opinion? // ④ Don't worry. // ⑤ I'm not a
問題だ　//　　　　私の意見を言ってもいいかな　//　気にしなくていいよ　//　私は見学客

visitor / and can enjoy art / every day. // ⑥ And this is a rare occasion, / right? //
てはない /それに美術を楽しめる /　毎日　// それにこれはめったにない機会だ / そうだろう //

⑦ High school girls from Japan / are making me think / about the law of my own
　日本から来た女子高校生たちが　/　私に考えさせている　/　　自分の国の法律について」

country." // ⑧ He took a sticker and said, / "I'm a security guard, / so / I need to
　　//　　彼はシールを取って言った　/　「私は警備員だ　/　だから　/　~できなく

be able to / recognize people's faces / in public. // ⑨ Protecting the visitors here /
てはならない /　人々の顔を認識することが　/　公の場で　//　　ここにいるお客様を守ることが　/

is my top priority. // ⑩ Did you know / that tourists cover their faces with cloth /
　私の最優先事項だ　//　~を知っていたかい /　　旅行者は布で顔を覆うこと　　/

when visiting a mosque? // ⑪ This means / the tourists are showing their respect /
　モスクを訪れるとき　//　これは~ということだ /　　旅行者が敬意を示している　　/

for Islamic culture. // ⑫ I want every person / visiting our country, / including
イスラムの文化に対して //　私はすべての人に望む　/　私たちの国に来る　/　　イスラム

Muslims, / to show their respect for our safety / by uncovering their faces in
教徒も含めて /　私たちの安全に対して敬意を示すことを　/　人前で顔の覆いをとることによって」

public." //
　　//

⑬ Henrik put a sticker / on the Agree section. //
　ヘンリックさんはシールを貼った /　賛成欄に　//

単語・熟語チェック

tough	形 難しい	top priority	名 最優先事項
rare	形 めったにない	mosque	名 モスク，イスラム教寺院
occasion	名 機会	Islamic	形 イスラム(教)の
a rare occasion	熟 めったにない機会	Muslims	名 イスラム教徒
priority	名 優先事項	uncover	動 ~の覆いをとる

読解のカギ

③ **Am I allowed to give my opinion?**

➡ Am I allowed to give my opinion? は「私の意見を言ってもいいですか」という意味を表している。〈allow + O + to do〉で「O が~することを許す」という意味。O を主語にした受動態は〈be 動詞 + allowed to do〉となる。

Q1. ＿＿＿ を埋めなさい。

エミはそこに行ってもよいですか。

＿＿＿＿＿＿＿ Emi ＿＿＿＿＿＿＿ to go there?

⑥ **And this is a rare occasion, right?**

➡ 文末の〈コンマ(,)＋right?〉は am I right? や is that right? などを略した形で，付加疑問の一種。「そうでしょう？」「違いますか？」と，カジュアルな調子で相手に同意を求める表現。

⑦ **High school girls from Japan** <u>are making me think</u> **about the law of my own country.**　　　　　　　make＋O＋動詞の原形

➡ この文は⑥の a rare occasion の内容を具体的に述べている。

➡ 〈make＋O＋動詞の原形〉は「O に〜させる」という意味を表す。「日本から来た女子高生たちが私に自分の国の法律について考えさせている」という意味。使役動詞 make は相手に強制的に何かをさせる場合に使われる。

⑩ **Did you know that tourists cover their faces with cloth** <u>when visiting a</u> <u>mosque?</u>　　　　　　　　　they(= tourists) are の省略 ⌐

➡ when visiting a mosque の when の後に they(= tourists) are が省略されている。when, while, if などに導かれる副詞節の中では，〈S＋be 動詞〉が省略されることがある。

⑪ <u>This</u> **means the tourists are** showing their respect for Islamic culture.
　S　　V　↑—that の省略　　　　　　　　　　O

➡ this は⑩の that 節の内容，旅行者がモスクを訪れるときに自分の顔を布で覆うことを指している。

➡ means の後に接続詞 that が省略されている。

➡ show one's respect for 〜は「〜に対する敬意を示す」という意味。one には敬意を示している人を表す言葉が入る。

⑫ **I** <u>want</u> **every person** visiting our country, including Muslims, <u>to show</u> **their**
　　want　　O　　　　　　　　　　　　　　　　　　　to do

respect for our safety <u>by uncovering</u> **their faces in public.**

➡ 〈want＋O＋to do〉は「O に〜してほしい」という意味を表す。「私はすべての人に私たちの安全に対する敬意を示してもらいたい」という意味。

➡ visiting our country は現在分詞の形容詞的用法，including Muslims は前置詞句で，ともに every person を修飾している。

➡ 〈by＋動名詞〉は「〜することによって」と手段を表す表現。by 以下は「人前で顔の覆いをとる[顔を隠さない]ことによって」という意味になる。uncover の un- は動詞に付いて逆の動作を表す接頭辞。

Q2. ＿＿＿ を埋めなさい。

彼女は誰にも自分の部屋に入ってほしくなかった。

She wanted ＿＿＿＿＿＿ ＿＿＿＿＿＿ ＿＿＿＿＿ her room.

読解のカギ Q の解答　**Q1.** Is, allowed　　**Q2.** nobody to enter

Scene ❸ PART ❸

① As the sun set, / the color of the sky turned red and orange. // ② The scene
陽が沈むにつれて / 空の色は赤やオレンジ色に変わった // ニューハウンの

at Nyhavn looked like a painting. // ③ This was the last destination of their
景色は絵画のようだった // ここが2人のフィールドワークの最後の

fieldwork. // ④ They had already interviewed / about 90 people / since that
目的地だった // 2人はすでにインタビューしていた / 約90人に / その日の

morning. // ⑤ Their notebooks were full of notes / that they had taken. // ⑥ They
朝から // 2人のノートはメモでいっぱいだった / 2人が書きつけた // 2人は

were now feeling confident / and no longer shy. //
今や自信に満ちていた / そしてもはや恥ずかしがっていなかった //

⑦ Hina saw two young ladies having coffee / on a bench by the canal. // ⑧ She
ヒナは2人の若い女性がコーヒーを飲んでいるのを見た / 運河のそばのベンチで // 彼女は

greeted them / and asked them her question. // ⑨ The young ladies looked / at
2人にあいさつし / 2人に質問した // 若い女性たちは見た /

each other / first / and then at the girls. // ⑩ The lady with sunglasses on her
お互いを / 最初 / 次に女の子たちを // サングラスを頭にかけた

head / asked back, / "Could you girls be naked in public?" // ⑪ The other lady
女性が / 問い返してきた / 「あなたたち，人前で裸になれる」 // 黒い帽子をかぶった

with a black hat followed, / "If she said, / 'take off your clothes / right here,' /
もう1人の女性が続けた / 「もしこの人が言ったら / 『服を脱ぎなさい / ここで』と

could you do that?" // ⑫ Natsumi quickly responded, / "No, I couldn't!" // ⑬ Then
あなたたちはそうすることができるの」 // ナツミがすばやく答えた / 「いいえ，できません」// すると

the first lady said to her, / "Why not? // ⑭ Would you do it / if it was the law? // ⑮ If
1人目の女性が彼女に言った / 「なぜできないの // あなたたちはそうするの / もしそれが法律で決まっていたら//

I took off my clothes / in front of you, / would you take yours off?" // ⑯ Hina said, /
もし私が服を脱いだら / あなたたちの前で / あなたたちも服を脱ぐの」 // ヒナは言った /

"No, I wouldn't. // ⑰ I don't want to do that." // ⑱ The two ladies laughed
「いいえ，脱ぎません // 私はそんなことしたくありません」 // 2人の女性はいたずらっぽく

mischievously and said, / "That's our answer. // ⑲ Your question is just like our
笑って言った / 「それが私たちの答えよ // あなたたちの質問は私たちの質問と

question. // ⑳ For some people, / uncovering their faces / is like taking off their
同じということ // 一部の人たちにとって / 顔の覆いをとることは / 服を脱ぐも同然なのよ」

clothes." // ㉑ Then they put two stickers / on the Disagree section of the board /
// それから2人は2枚のシールを貼った / ボードの反対欄に /

and kissed the cheeks of both girls. //
そして2人の女の子の頬にキスをした //

✓ 単語・熟語チェック

□ **Nyhavn** 　图 ニューハウン 　　□ **naked** 　形 裸の
□ **confident** 　形 自信に満ちた 　□ **mischievously** 　副 いたずらっぽく
□ **canal** 　图 運河 　　　　　　 □ **cheek** 　图 頰

🎵 読解のカギ

③ **This was the last destination of their fieldwork.**
　➡ This は②の Nyhavn を指している。

④ **They had already interviewed about 90 people <u>since that morning</u>.**
　➡ その日の朝から (since that morning) ニューハウンに着いた過去の時点まで継続していたことを述べているため，過去完了形〈had＋過去分詞〉が使われている。

⑦ **Hina <u>saw</u> <u>two young ladies</u> <u>having</u> coffee on a bench by the canal.**
　　　 see 　　　 O 　　　　　現在分詞
　➡ see は知覚動詞。〈知覚動詞＋O＋現在分詞〉で「O が〜しているのを見る[聞く，感じる，など]」の意味を表す。
　🖋 Q1. ＿＿ を埋めなさい。
　窓を開けると，犬が道を渡っているのが見えた。
　When I opened the window, I saw a dog ＿＿＿＿＿＿ the street.

⑨ **The young ladies looked at each other first and then at the girls.**
　➡ look は at each other と at the girls につながっている。

⑩ **..., "Could you girls be naked in public?"**
　助動詞の過去形　S　動詞の原形
　➡ 仮定法過去となっている。仮定法過去は〈If＋S'＋動詞の過去形，S＋would/could/might など助動詞の過去形＋動詞の原形〉の形をとるが，if節が省略されている。
　➡ この文から⑯まで，実現の可能性の低い内容を前提とした仮定の話をしているため，女子生徒の受け答えもすべて仮定法過去が使われている。
　➡ you と girls は同格で「あなたたち女の子たちは」という意味。
　➡ in pubic で「人前で，公の場で」という意味を表す。

⑱ **The two ladies laughed mischievously and said, "That's our answer.**
　➡ That は⑩から⑰までのやりとりで出た結論を指す。誰かに命じられても，たとえ法律であっても，人によってはそれをすることに強い抵抗を感じることがらがあるということ。

⑲ **Your question is just like our question.**
　➡ Your question is just like our question. は「あなたの質問は私たちの質問と同様です。」という意味。just like 〜は「〜と同様な」という意味。
　　　　　　　　　　　　　　　　　　動名詞
⑳ **For some people, <u>uncovering</u> their faces is like <u>taking</u> off their clothes.**
　➡ uncovering, taking ともに動名詞で「〜すること」という意味を表す。

🎵 読解のカギ Qの解答　**Q1.** crossing

Scene ④-1

問いに対する最終的な答え

① Back in class in Japan, / Mr. Ikegami said to the students, / "Do you
日本の教室に帰ってきて　/　池上先生は生徒たちに言った　/　「問いを

remember the question / that I asked you a month ago? // ② Have you looked into
覚えていますか　/　1か月前に私が尋ねた　//　その問題を調べ

the problem? // ③ OK, / let's hear what you found. // ④ Do you agree / or /
ましたか　//　では　/　皆さんがわかったことを聞いてみましょう　//　皆さんは賛成ですか / それとも /

disagree?" // ⑤ The question / that Natsumi and Hina asked 100 people /
反対ですか」　//　問いが　/　ナツミとヒナが100人に尋ねた　/

appeared on the screen. //
スクリーン上に現れた　//

⑥ On seeing the question, / Natsumi raised her hand and said, / "We asked
問いを見るとすぐに　/　ナツミが手を挙げて言った　/　「私たちはこの

this question / to 100 people / in Copenhagen, Denmark. // ⑦ We asked random
問いを尋ねました / 100人の人に / デンマークのコペンハーゲンで　//　私たちは無作為に選んだ人々に

people / from UN staff to tourists, / young people to old people. // ⑧ We asked
尋ねました　/　国連職員から旅行者まで　/　若い人からお年寄りまで　//　私たちは彼らに

them to put a sticker / on this board / to show / if they agree or disagree. //
シールを貼るよう頼みました / このボードに　/　～を示すために /　彼らが賛成か反対か　//

⑨ The result was 32 to 68. // ⑩ The majority of the people / we asked in
結果は32対68でした　//　人々の大多数は　/　私たちがコペンハーゲンで

Copenhagen / disagreed with the law." //
質問した　/　その法律に反対でした」　//

単語・熟語チェック

☐ **look into ～** 熟 ～を調べる　☐ **random** 形 無作為の
☐ **screen** 名 スクリーン　☐ **majority** 名 大多数
☐ **on ～ing** 熟 ～するとすぐに

読解のカギ

② **Have you looked into the problem?**
➡ look into ～は「～を調べる」という意味。問題などを調査する場合に使う表現。
➡ the problem は①の the question にまつわる問題を指す。

③ **OK, let's hear what you found.**
➡ what は先行詞を含む関係代名詞で，what you found は「あなたたちが(調べて)わかったこと」という意味。hear の目的語(O)になっている。

⑤ **The question** [that **Natsumi and Hina asked 100 people**] **appeared** on the
　　S　　　関係代名詞(目的格)　　　　　　　　　　　V

screen.

　➡ that ... people は関係詞節で，先行詞 the question を修飾している。

⑥ **On seeing the question, Natsumi raised her hand and said, ...**

　➡ on ～ing は「～するとすぐに」という意味を表す。～ing の意味上の主語は，副詞句
　　on ～ing が修飾している節の主語と同じ。この文では Natsumi。

⑦ **We asked random people** from **UN staff** to **tourists, young people to old
people.**

　➡ from UN staff to tourists と young people to old people は random people の補足
　　説明になっている。「国連職員から旅行者まで，若い人からお年寄りまで，無作為
　　の[無作為に選んだ]人々に質問した」という意味になる。

　➡ from A to B は「A から B まで」という意味で，物理的な場所以外にもさまざまなこ
　　とがらについて範囲を表す表現として用いられる。young people ... の部分では，直
　　前の句と同じ形が繰り返されるため，from が省略されている。

⑧ **We** asked them to put **a sticker on this board** to show **if they agree or**
　　　ask + O + to do　　　　　　　　　　　　　　　　　　　　間接疑問文

disagree.

　➡ 〈ask＋O＋to do〉は「O に～するよう頼む」という意味を表す。文の前半は「私たち
　　は彼らにこのボードにシールを貼るよう頼んだ」という意味になる。

　➡ them, they は⑦で説明されているさまざまな random people を指す。

　➡ to show 以下は目的を表す不定詞の副詞的用法。

　➡ if they agree or disagree は間接疑問文で，「彼らが賛成か反対か」という意味を表
　　している。間接疑問文が show の目的語(O)となっている。Yes/No で答えられる間
　　接疑問文は〈if / whether＋S'＋V'〉と，接続詞の後が平叙文の語順になる。

🖊 **Q1. 並べかえなさい。**

　私はその子にその物語がおもしろかったか退屈だったかを尋ねた。

　(was / asked / if / or / I / the story / interesting / the child) boring.

　_____ boring.

⑩ **The majority of the people** [we asked in Copenhagen] **disagreed** with
　　　　　　　　　　　　　　┌── (who / whom / that)の省略
　　　　　　　　S　先行詞 └──┘　関係詞節　　　　　V

the law.

　➡ we asked in Copenhagen は，the people を先行詞とする関係詞節。目的格の関係
　　代名詞 who/whom/that が省略されている。

　➡ the majority of ～は「～の大多数」という意味。

_____

🖊 読解のカギ Q の解答　**Q1.** I asked the child if the story was interesting or

Scene ④-2

① Hina followed, / "But we could also understand / why people agreed with the
ヒナが引き継いだ / 「でも私たちは~も理解できました / なぜその法律に人々が賛成するのか

law. // ② We realized / the importance of the human rights of individuals. //
// 私たちは気づきました / 個人の人権の大切さに //

③ Now / we have come to OUR OWN conclusion. // ④ We DISAGREE with the
そして / 私たちは私たち自身の結論に至りました // 私たちはこの法律に反対

law. // ⑤ What each person treasures is different from others. // ⑥ So / we
します // 大切なものは人それぞれ違います // だから / 私たちは

think it is wrong / to regulate / people's freedom of expression / in public. //
~は間違っていると思います / 規制すること / 人々の表現の自由を / 公共の場で //

⑦ Copenhagen is a beautiful city. // ⑧ The sweets are so good, / and the streets
コペンハーゲンは美しい都市です // お菓子はとてもおいしい / それに通りも

smell good too! // ⑨ We want you to visit it someday. // ⑩ We would like / people
よいにおいがします // 皆さんにもいつか行ってほしいです // 私たちは望みます / 生い立ち

of all different backgrounds / to visit it someday." //
が異なるすべての人に / いつかそこを訪れることを」//

⑪ Natsumi continued after Hina, / "Of course, / we agree with the idea / of
ナツミがヒナに続けて言った / 「もちろん / 私たちは考えに賛成です /

regulating people / in private places / because of security issues. // ⑫ But / we
人々を規制するという / 私的な場所で / 安全上の問題のために // しかし /

disagree with the law / that has the word '*public*' / in it." //
私たちは法律には反対です / 『公共』という言葉を含む / その中に」//

⑬ Mr. Ikegami said, / "Thank you. // ⑭ The answer that Natsumi and Hina have
池上先生は言った / 「ありがとう // ナツミとヒナがたどり着いた答えには

reached / includes the voices of 100 people. // ⑮ There's no right or wrong answer /
/ 100人の人の声が含まれています // 正しい答えも間違った答えもありません /

to this question, / but their answer is convincing / because it is no longer just their
この問いには / でも2人の答えには説得力があります / もはや彼女たちの単なる個人的な意見で

personal opinion. // ⑯ You did a great job / asking, thinking, and presenting!" //
はないからです // 君たちは頑張ったね / 問いかけ，考え，発表しながら」//

⑰ He continued, / "Usually, / students think a lot / while on a study abroad
彼は続けて言った / 「通常 / 生徒は多くのことを考えます / 海外留学プログラムの期間中

program. // ⑱ In this trip, / however, / two high school girls from Japan / made
// この旅行では / しかし， / 日本から来た2人の女子高校生が / デンマーク

people in Denmark think seriously / about an issue. // ⑲ The girls did nothing special, /
の人たちにじっくり考えさせました / ある問題について // 2人は特別なことは何もしませんでした /

but many small courageous steps and actions / can make something special." //
しかし，多くの小さいけれど勇敢な一歩と行動が / 特別なものを作ることができるのです」//

✓ 単語・熟語チェック

□ come to ~	熟 ~に至る		□ private	形 私的な
□ treasure	動 ~を大切にする		□ security issues	名 安全上の問題
□ regulate	動 ~を規制する		□ convince	動 ~を説得する，納得させる
□ background	名 (人の)背景，生い立ち，経歴		□ courageous	形 勇気のある

🔑 読解のカギ

① Hina followed, "But we could also <u>understand</u> <u>why people agreed with</u>
　　<u>the law.</u>
　　　　　　　　　　　　　　　　V　　　　　O(間接疑問)

➡ why ... the law は間接疑問文で，understand の目的語となっている。

　　　　　　　┌── that の省略
⑥ So we think it is wrong to regulate people's freedom of expression in public.
　　　　　　　形式主語　　　真主語

➡ think の後に名詞節を作る接続詞 that が省略されている。

➡ that 節の中の it は形式主語，真主語は to regulate ... public となっている。

⑩ We would like people of all different backgrounds to visit it someday.

➡ 〈would like + O + to *do*〉は「O に~していただきたい」という意味を表す。〈want +
　 O + to *do*〉より丁寧な表現。

➡ it は Copenhagen を指す。

✐ Q1. _____ を埋めなさい。

私はあなたに一緒に来ていただきたい。

I _____ like you _____ come with me.

⑪ ..., "Of course, we agree with the idea of regulating people in private
　　places because of security issues.

➡ regulating は動名詞。regulating ... issues までが長い名詞句となっていて，of の目
　 的語になっている。

➡ the idea of ~ing は「~するという考え」という意味で，the idea と regulating ...
　 issues は同格の関係。

　　　　　　　　　　　　　　　┌──────┐
⑫ But we disagree with the law [that has the word '*public*' in it].
　　　　　　　　　　　　　　　先行詞　　関係代名詞(主格)

➡ that は主格の関係代名詞で that ... it が the law を修飾している。

➡ it は the law を指している。

⑮ ... convincing because it is no longer just their personal opinion.

➡ it is no longer just their personal opinion は「もはや彼女たちの単なる個人的な意
　 見ではない」という意味。no longer は「もはや~ない」という意味を表す。

🔑 読解のカギ Q の解答　**Q1.** would, to

⑰ **He continued, "Usually, students think a lot while on a study abroad program.**

they(= students) are の省略⤴

→ while の後に they(= students) are が省略されている。while の導く副詞節では〈S ＋be 動詞〉が省略されることがある。

🙂 **Comprehension Question** ❗ヒント

ナツミとヒナがどこに行き，どんな人たちと出会い，何をしたか，またその人たちが2人に対してどんな反応をしたかに注目して順に並べる。

Let's Write a Persuasive Essay 🖊

Step 1: 例 **Question B:** Should people become a vegetarian?

Step 2: 例 About 5.7% of people in Japan are vegetarians.

Step 3:

例 I agree with the idea of people becoming a vegetarian. Here are three points to support my opinion.

First, I believe we human beings are responsible for other creatures and the environment in the world. However, I have read about how badly cattle and chickens are treated. We should show our respect for other creatures' lives.

Secondly, if we stop eating animal meat and turn to other food such as vegetables and grains, we'll have enough food for everyone on earth. If we stop producing meat, the crops that we are giving to cattle and chickens will be given to the people who cannot get enough food now.

And thirdly, it is healthier to eat vegetables and grains than meat. While taking too much meat will cause various health problems, vegetables and grains will make you healthy!

In conclusion, I agree that people should become a vegetarian. Only about 5.7% of people in Japan are vegetarians, so I want more people to become a vegetarian.

私は人々が菜食主義者になるという考えに賛成です。私の意見の裏付けとなる点を3つ挙げます。

第1に，私たち人間は世界の他の生物と環境に対して責任があると思います。しかし，私は牛や鶏がどんなにひどい扱いを受けているか読んだことがあります。私たちは他の生物の命を尊重すべきです。

第2に，私たちが動物の肉を食べるのをやめ，野菜や穀物のような他の食べ物に目を向ければ，地球上のすべての人に十分な食べ物が行き渡るでしょう。食肉を生産するのをやめれば，私たちが牛や鶏に与えている穀物が，今十分な食べ物を手に入れることができない人々に与えられるでしょう。

そして第3に，肉より野菜や穀物を食べる方が健康的です。肉を摂りすぎるとさまざまな健康問題を引き起こしますが，野菜と穀物はあなたを健康にするでしょう！

結論として，私は人々が菜食主義者になるべきだということに賛成です。日本では約5.7%の人々だけが菜食主義者なので，私はもっと多くの人々に菜食主義者になってほしいです。

📝 定期テスト予想問題　　　解答 ➡ p.176

1 日本語に合うように, ＿＿に適切な語を入れなさい。
(1) もし彼らのパーティーに招待されたら, どうしよう。
　＿＿＿＿＿＿ ＿＿＿＿＿＿ I am invited to their party?
(2) 私の父は腕を組んで立っていた。
　My father was standing ＿＿＿＿＿ his arms ＿＿＿＿＿.
(3) 私たちはそのコースに応募します。
　We'll ＿＿＿＿＿ ＿＿＿＿＿ the course.
(4) 状況を考慮に入れると, それが最善の選択だ。
　＿＿＿＿＿ the situation into ＿＿＿＿＿, it's the best choice.

2 (　)内の語のうち, 適切なものを選びなさい。
(1) Do you agree (at, for, with) our opinion?
(2) We're heading (at, for, of) Canada.
(3) You should look (down, into, with) the problem first.
(4) We don't want to do that (for, of, in) public.

3 日本語に合うように, (　)内の語を並べかえなさい。
(1) 彼らはできるだけたくさんの水を運んだ。
(as / as / carried / water / possible / they / much).
＿＿＿＿＿＿＿＿＿＿＿＿＿＿＿＿＿.
(2) 彼女は私にどこに住みたいか尋ねた。
(me / asked / live / I / to / wanted / she / where).
＿＿＿＿＿＿＿＿＿＿＿＿＿＿＿＿＿.
(3) あなたがたにこの絵を見ていただきたいのですが。
(like / to / would / see / I / you) this picture.
＿＿＿＿＿＿＿＿＿＿＿＿＿＿ this picture.

4 次の英語を日本語にしなさい。
(1) You saw her showing her notes to him, right?
　(　　　　　　　　　　　　　　　　)
(2) Where would you fly if you were a bird?
　(　　　　　　　　　　　　　　　　)
(3) The freedom not to show your opinion should also be guaranteed.
　(　　　　　　　　　　　　　　　　)

5 次の英文を読んで，あとの問いに答えなさい。

When the girls came back, they showed the board to Henrik and explained their project. He looked at the board and said, "That's a tough question! ①(my / am / allowed / give / I / to) opinion? Don't worry. I'm not a visitor and can enjoy art every day. And this is a rare occasion, right? ②High school girls from Japan are (make) me (think) about the law of my own country." He took a sticker and said, "I'm a security guard, so I need to be able to recognize people's faces in public. ③Protecting the visitors here is my top priority."

(1) 下線部①が「私の意見を言ってもいいですか。」という意味になるように，（　）内の語を並べかえなさい。
　　_____ opinion?

(2) 下線部②が「日本から来た女子高校生たちが私に考えさせている」という意味になるように，必要があれば（　）内の語を適切な形に書きかえなさい。
　　_____, _____

(3) 下線部③の英語を日本語に訳しなさい。
　　(　　　　　　　　　　　　　　　　　　　　　　　)

6 次の英文を読んで，あとの問いに答えなさい。

①On (see) the question, Natsumi raised her hand and said, "We asked this question to 100 people in Copenhagen, Denmark. We asked random people from UN staff to tourists, young people to old people. ②We asked them to put a sticker on this board to show if they agree or disagree. The result was 32 to 68. ③The (　　)(　　) the people we asked in Copenhagen disagreed with the law."

(1) 下線部①が「問いを見るとすぐに」という意味になるように，（　）内の語を適切な形に書きかえなさい。
　　On _____ the question

(2) 下線部②の英語を日本語に訳しなさい。
　　(　　　　　　　　　　　　　　　　　　　　　　　)

(3) 下線部③が「人々の大多数」という意味になるように，（　）に適切な語を入れなさい。
　　The _____ _____ the people

(4) 次の質問に英語で答えなさい。
　　What does the number 68 refer to?
　　_____

pp.14~15　📝 **定期テスト予想問題　解答**

1 (1) took, to　　(2) for, first　　(3) filled with　　(4) other day

2 (1) in　　(2) as　　(3) in　　(4) of

3 (1) I was very happy to get the game (.)

(2) will go to America to study English

(3) Thinking about your future is important for

4 (1) 彼は自分自身のレストランを持つという願いを持っている。

(2) 今週末，映画を見に行くのはどうですか。

(3) この図書館には読むべきよい本がたくさんある。

5 (1) took a lot of time to unwrap them　　(2) small bit

(3) 時にはそれはあまりに小さくて気付くことができません。

(4) 例 She found a sticker (there).

6 (1) reminds, of　　(2) working

(3) care about having balance in our lives

💡 **解説**

1 (1) 〈it takes＋時間＋for 人＋to *do*〉で「人が～するのに時間がかかる」という意味。　　(2) for the first time で「初めて」という意味。　　(3) be filled with ～で「～でいっぱいである」という意味。　　(4) the other day で「先日」という意味。

2 (1) be interested in ～「～に興味がある」　　(2) as ～「～として」　　(3) keep *A* in mind「*A*を心に留める」　　(4) 〈a＋形容詞＋amount of ～〉で「…の量の～」。

3 (1)「手に入れて，とてもうれしかった」は感情の原因を表す副詞的用法の不定詞を用いて，happy to get とする。　　(2)「英語を勉強するために」は目的を表す副詞的用法の不定詞を用いて，to study English とする。　　(3)「将来について考えることは」は動名詞を主語にして，thinking about your future とする。

4 (1) to 以下は a wish を修飾する同格の形容詞的用法の不定詞。「～するという願い」と訳すとよい。　　(2) How about *do*ing?「～するのはどうですか」(3) to read は many good books を修飾する形容詞的用法の不定詞。many good books が to read の目的語になっている。「～するべき[するための]…」と訳すとよい。

5 (1)「かなりの時間がかかった」は took a lot of time で表し，「開けるのに」は目的を表す不定詞を用いて to unwrap とする。　　(2) a small bit of ～「ほんの少しの～」　　(3)〈so＋形容詞[副詞]＋that ～〉で「あまりに…なので～だ」という意味を表す。　　(4) 質問文は「オーサはカップの底に何を見つけましたか。」という意味。

6 (1) remind *A* of *B* で「*A* に *B* を思い出させる」という意味を表す。　　(2) enjoy の目的語となるように動名詞にする。　　(3)「～を大切にする」は care about で表し，そのあとに「バランスを保つこと」having balance を続ける。

1　(1) in, group　　(2) enables, to　　(3) used up　　(4) try out

2　(1) for　　(2) to　　(3) into

3　(1) The books will be sent to poor
　(2) My father has just left home (.)
　(3) has been studying since this morning
　(4) I asked my son what he wanted

4　(1) 私はあなた(たち)に(私たちが)どうやってこのゲームをするのか教える
　　　[見せる]ことができる。　　(2) 昨夜から(今まで)ずっと雪が降っている。
　(3) この鳥はオーストラリアで見つけられる。

5　(1) Some of us can grow up to be　　(2) 私たちは500mも深く潜れる
　(3) up to　　(4) 例 They have developed their unique behaviors.

6　(1) Let me tell you how we raise
　(2) lay　　(3) 父親(たち)は何も食べずに9週間，自分だけで卵を温める。
　(4) 例 They go out to sea to get food for their future babies.

解説

1　(1)「群れをなして」in a group　(2)「A が～するのを可能にする」enable A to do　(3)「～を使い果たす」use up ～　(4)「～を試してみる」try out ～

2　(1)〈for ～ to +動詞の原形[不定詞]〉の for ～は不定詞の意味上の主語になっている。　(2) get closer to ～「～により接近する」　(3) dive into ～「～に飛び込む」

3　(1) 助動詞 will を含む受動態〈will be +動詞の過去分詞〉の形で表す。　(2) 完了の現在完了形〈have[has] just +動詞の過去分詞〉で表す。　(3)「ずっと～している」は現在完了進行形〈have[has] been +動詞の -ing 形〉で表す。　(4)〈ask +O+ what ～〉の形にする。what 以下は間接疑問文で，平叙文の語順にする。

4　(1) how 以下は間接疑問文で，「どのように～するか」という意味。(2) has been snowing は「(今まで)ずっと～している」という意味の現在完了進行形。(3) can be found は助動詞を含む受動態で「～されることができる」という意味。

5　(1)「伸びる」は grow up,「～になるまで」は to be ～で表す。　(2)〈as +形容詞[副詞]+ as +数詞を含む表現〉は「～も」という意味で程度を強調するために使われている。　(3)「～(に達する)まで」は up to ～で表す。　(4) 質問文は「コウテイペンギンは厳しい環境の中で生きていくために何を身に付けましたか。」という意味。

6　(1)「話させて」は Let me tell で表す。そのあとは〈tell +O+ how ～〉の形になるように you how と続け，how 以下は平叙文の語順にして間接疑問文にする。(3)〈keep +O+C[形容詞]〉は「O を～に保つ」，without doing で「～しないで」。　(4) 質問文は「母親たちはなぜ海へ出かけていきますか。」という意味。

pp.42~43 定期テスト予想問題　解答

1　(1) a piece of　　(2) turned, around　　(3) In short
　　(4) related to　　(5) set up
2　(1) in　　(2) with　　(3) playing　　(4) built
3　(1) Can you ask him to call me
　　(2) She thinks it interesting to take care of animals(.)
　　(3) I found it natural that my brother got angry(.)
4　(1) グリーンさん[先生]と話している[に話しかけている]女性は私の母だ。
　　(2) 私の先生は私に一生懸命に勉強するように言った。
　　(3) 彼女は彼が真実を知っていることを明らかにした。
5　(1) staff members wearing uniforms appear　　(2) in line
　　(3) 最後の乗客が電車を降りるとすぐに, 彼らは各車両に乗り込んで清掃を始める。
　　(4) 例 They bow deeply to the passengers.
6　(1) 日本の鉄道は時間にきわめて正確なこと[正確だという評判]
　　(2) Some people find it boring to clean　　(3) テッセイのすばらしいパフォー
　　マンスを見ることはわくわくする　　(4) ・スピード　　・技術
　　(5) 例 Because it is performed in the cars and on the platforms.

解説

1　(1)「一切れの〜」a piece of 〜　　(2)「〜の向きを変える」turn 〜 around
　(3)「要するに」in short　　(4)「〜と関係がある」be related to 〜
　(5)「〜を設ける」set up 〜
2　(1) in a team of 〜「〜(人)のチームで」「ボランティアのメンバーは5人のチ
　ームで仕事をする。」　　(2) help A with B「AのBを助ける」「ジョンはミキの英
　語の手紙を手伝った。」　　(3)〈A[名詞]＋現在分詞...〉「…している A」「あなた
　はあそこでサッカーをしている男の子たちを知っていますか。」　　(4)〈A[名詞]
　＋過去分詞...〉「…された A」「彼らは1900年に建てられた家に住んでいる。」
3　(1)〈ask＋O＋to 不定詞〉「O に〜するように頼む」　　(2)〈think＋it＋形容詞
　＋to 不定詞〉の文。　　(3)〈find＋it＋形容詞＋that＋S'＋V'〉の文。
4　(1)〈A[名詞]＋現在分詞...〉「…している A」　　(2)〈tell＋O＋to 不定詞〉「O に
　〜するように言う」の文。　　(3)〈make＋it＋形容詞＋that＋S'＋V'〉の文。
5　(1)〈A[名詞]＋現在分詞...〉「…している A」　　(2)「一列に並ぶ」stand in line
　(3) as soon as 〜「〜するとすぐに」, get off 〜「〜を降りる」　　(4) 質問文は「ス
　タッフたちは清掃を始める前に乗客に何をしますか。」という意味。
6　(1) 第1段落2文目参照。　　(2)〈find＋it＋形容詞＋to 不定詞〉　　(3)〈it is＋形容
　詞＋to 不定詞〉　　(4) 第1段落1文目と第2段落1文目参照。　　(5) 質問文は「人々
　はなぜテッセイのパフォーマンスを『新幹線劇場』と呼びますか。」という意味。

pp.56~57　📝　定期テスト予想問題　解答

1. (1) handed, down　(2) managed to　(3) pay for　(4) much more
2. (1) for　(2) throughout　(3) As
3. (1) The gate had been closed before I arrived
   (2) I want this wall painted　(3) didn't forgive him, whoever asked her
   (4) This building has been damaged by fire
4. (1) あなたが何を言っても，私は驚かないだろう。
   (2) 彼女は生徒たちにその歌の練習を続けさせた。
   (3) コーヒーは13世紀からずっと楽しまれてきた。
5. (1) satisfied with
   (2) 彼はただタネを集めるだけでは十分ではないと考えるようになった
   (3) most seeds of traditional vegetables had been preserved
   (4) 例 They[These vegetables] will be lost.
6. (1) variety of　(2) ② displayed　③ called
   (3) enable vegetables to grow in the same size and shape
   (4) 例 To preserve the seeds in danger of being lost.

💡 解説

1 (1) hand *A* down to *B*「*A* を *B* に残す」　(2) manage to *do*「なんとか〜する」
(3) pay for *A*「*A* の代金を支払う」　(4)〈much＋比較級〉「(比較級を強調して)ずっと」

2 (1) fight for 〜で「〜を求めて争う」という意味。　(2) throughout 〜で「〜の至るところで」という意味。　(3) as a result で「結果として」という意味。

3 (1)「閉められてしまっていた」は had been closed。受動態の過去完了形の〈完了〉の用法。　(2)「壁を塗ってもらいたい」は want this wall painted。　(3)「誰が彼女に頼んでも」は whoever asked her。　(4)「損害を受けたことがある」は has been damaged。受動態の現在完了形の〈経験〉の用法。

4 (1)〈whatever＋S＋V〉「何を S が V しても」　(2)〈keep＋O＋現在分詞〉「O を〜している状態にしておく」　(3) 受動態の現在完了形の〈継続〉の用法。

5 (1) be satisfied with 〜「〜に満足する」　(2) that 節中の主語は動名詞句の just collecting seeds。　(3)「守られてきた」は受動態の過去完了形〈had been＋動詞の過去分詞〉で表す。　(4) 質問文は「もし個々の農家が伝統野菜のタネを守ることをやめたら，何が起きますか。」という意味。

6 (1) a variety of 〜「さまざまな〜」　(2) ②〈want＋O＋過去分詞〉の形になるように過去分詞にする。　③ seed を修飾するように過去分詞にする。
(3)〈enable＋O＋to 不定詞〉「O が〜することを可能にする」を用いる。　(4) 質問文は「なぜシードバンクを設立しているグループがあるのですか。」という意味。

pp.70~71 📝 **定期テスト予想問題　解答**

1 (1) took over　　(2) majors in　　(3) working on　　(4) devote, to
2 (1) carried　　(2) Seen　　(3) closed
3 (1) She did her homework listening to music(.)
　　(2) He heard a song played on the piano(.)
　　(3) The girl was sleeping with a book in her hand(.)
4 (1) 道を歩いているとき，私はその財布を見つけた。
　　(2) 紙でできているので，この箱はとても軽い。
　　(3) 子どもたちに囲まれて，彼女は幸せそうに見えた。
5 (1) ① thinking　　③ completed
　　(2) are trying to imagine what Gaudi had in mind　　(3) 2026
　　(4) 先進技術やより多くの資金に助けられて，建設者たちはその建設のペース
　　　を増している。
　　(5) 例 Because they were burned or lost in the Spanish Civil War.
6 (1) happened to get
　　(2) 彼はサグラダ・ファミリアを訪れ，そしてそこにたくさんの石が積み重ね
　　　られているのを見た。
　　(3) asked the head architect to let him carve

💡 **解説**

1 (1)「～を引き継ぐ」take over ～　(2)「～を専攻する」major in ～
(3)「～に取り組む」work on ～　(4)「A を B にささげる」devote A to B
2 (1)「O が～されるのを見る」〈see＋O＋過去分詞〉　(2)「(その島が)飛行機か
ら見られるとき」と考え，〈時〉を表す過去分詞の分詞構文にする。　(3)「教科書
が閉じられた状態で」と考え，〈with＋A[(代)名詞]＋過去分詞〉で表す。
3 (1)「～しながら」という〈付帯状況〉を現在分詞の分詞構文で表す。　(2)「O が
～されるのを聞く」〈hear＋O＋過去分詞〉　(3)「本を手に持った状態で」と考え，
〈with＋A[(代)名詞]＋前置詞句〉で表す。
4 (1)〈時〉を表す現在分詞の分詞構文。　(2)〈理由〉を表す過去分詞の分詞構文。
(3)〈付帯状況〉を表す過去分詞の分詞構文。
5 (1)① 現在分詞の分詞構文。　③ 受動態にする。　(2)「～のことを考えている」
have ～ in mind　(3) 第2段落1文目参照。　(4)〈付帯状況〉を表す過去分詞の
分詞構文。　(5) 質問文は「なぜガウディの設計図や模型は彼の死後もう使われ
なかったのですか。」という意味。
6 (1)「たまたま～する」happen to *do*　(2)〈see＋O＋過去分詞〉「O が～される
[されている]のを見る」，pile up ～「～を積み重ねる」　(3)「O に～するように
頼む」〈ask＋O＋to 不定詞〉，「(許可して)O に～させる」〈let＋O＋動詞の原形〉

pp.84~85　📝 定期テスト予想問題　解答

1. (1) take actions　　(2) to life　　(3) treated, as　　(4) In addition
2. (1) which　　(2) taken　　(3) have lost
3. (1) Math is the subject in which they are
   (2) My son may have caught a cold(.)
   (3) I am glad to have received a letter from her(.)
4. (1) 彼はロンドンでパスポートを盗まれた。
   (2) 彼女がこのレポートをひとりで書いたはずがない。
   (3) 私の母は6時に家を出たようだ。
5. (1) ① threw　　② broken　　⑤ paid
   (2) 人々はたいていそれらを専門家(たち)に修理してもらった。
   (3) human waste　　(4) in return
   (5) 例 They bought human waste from people in the cities, and then sold it to farmers.
6. (1) そのようなリサイクルに基づいた社会は日本によい影響を与えたにちがいない。
   (2) たくさんの木が材木用に切り倒された
   (3) 例 It was unable to produce more food for a growing population.

💡 解説

1. (1)「行動を起こす」take actions　(2)「生き返る」come to life
   (3)「A を B として扱う」treat A as B　(4)「さらに」in addition
2. (1) 先行詞 the book のあとに〈about＋関係代名詞〉で始まる節を続ける。先行詞が〈物〉なので, 前置詞のあとは which を使う。　(2)「O を～してもらう」〈have[get]＋O＋過去分詞〉　(3)「～したようである」〈seem to have＋動詞の過去分詞〉
3. (1)〈物〉を表す先行詞 the subject のあとに〈前置詞＋関係代名詞〉で始まる節を続ける。「～に興味を持っている」be interested in ～　(2)「～したかもしれない」〈may＋have＋過去分詞〉　(3)「～してうれしい」は be glad to *do* で表すが, 不定詞の表す時が文の動詞が表す時より前なので, 完了形の不定詞にする。
4. (1)〈have＋O＋過去分詞〉「O を～される」　(2)〈can't＋have＋過去分詞〉「～したはずがない」　(3)〈seem to have＋動詞の過去分詞〉「～したようである」
5. (1) ① 過去形の threw にする。　② 過去分詞の broken にする。　⑤ 過去形の paid にする。　(2)〈have＋O＋過去分詞〉「O を～してもらう」　(3) 第2段落2文目参照。　(4)「お返しに」in return　(5) 質問文は「江戸時代に人糞の販売業者は何をしましたか。」という意味。
6. (1)〈must＋have＋過去分詞〉「～したにちがいない」　(2) 第2段落1文目参照。　(3) 質問文は「環境が傷つけられたとき, 日本は何をすることができませんでしたか。」という意味。

pp.98~99 定期テスト予想問題 解答

1 (1) regarded as　(2) cut off　(3) until, that　(4) out of
2 (1) at　(2) into　(3) on　(4) on
3 (1) Collecting a lot of information is not necessarily
　　(2) Wherever he stays at night, he can sleep
　　(3) Having watched TV for three hours, she did
4 (1) 私がその有名な写真家を見た[に会った]のは，この建物の中だった。
　　(2) 彼の本がすべて若者に知られているというわけではない。
　　(3) いつ彼にメールを送ろうとも[彼にメールを送ったときはいつでも]，彼はすぐに返事をする。
5 (1) great number of　(2) It was not only waste oil that　(3) was
6 (1) make use of　(2) さあ行動を起こす時だ。
　　(3) for creating a future sustainable community
　　(4) 例 It could generate electricity and provide access to the radio and the Internet (without gasoline).

解説

1 (1) regard *A* as *B* で「*A* を *B* とみなす」。主語に合わせて受動態にする。
(2) cut off ～「～を断つ」　(3) It is not until ～ that ...「～になってやっと…」
(4) make *A* out of *B* で「*B* から *A* を作る」。受動態になっている。
2 (1) be at a loss「途方にくれている」　(2) put *A* into practice「*A* を実行に移す」　(3) run on ～「～で走る」　(4) based on ～「～をもとにして」
3 (1)「必ずしも役に立つわけではない」は部分否定を用いて，not necessarily useful とする。主語の「～を集めること」は動名詞にする。　(2)「彼はどこに泊まっても」は複合関係副詞 wherever を用いて，Wherever he stays とする。
(3)「～を見たあとで」は完了形の分詞構文にして，Having watched ～とする。
4 (1) It was *A* that ... は「…は *A* であった」という強調構文。「～はこの建物の中だった」と訳すとよい。　(2) Not all ～は部分否定。「彼の本がすべて～というわけではない」と訳すとよい。　(3) Whenever は複合関係副詞。「いつ～しようとも」「～するときはいつでも」と訳すとよい。
5 (1) a great number of ～で「多数の～」という意味を表す。　(2)「廃油だけではなかった」を強調する強調構文にして，It was not only waste oil that ... の形にする。　(3) 文の主語は Meeting ... countries で，中心になる語は meeting なので，3人称単数過去形の was にする。
6 (1)「～を利用する」make use of ～　(2) Now is the time to *do* は「さあ～する時だ」，make a move は「行動を起こす」という意味。　(3) for のあとは動名詞の creating を置き，a future sustainable community を続ける。　(4) 質問文は「バスコファイブ号はガソリンを使わずに何ができましたか。」という意味。

---

pp.112~113 ✎ 📝 **定期テスト予想問題 解答**

[1] (1) Suppose　　(2) about to　　(3) distinguish, from　　(4) due

[2] (1) would have swum　　(2) were

[3] (1) She passed the exam, which made her parents happy(.)
　　(2) He looks as if he knew everything(.)
　　(3) I had arrived earlier, I could have seen him

[4] (1) もしその医者がいなければ，その病院はそれほど有名ではないだろうに。
　　(2) その男性は彼女を知らないと言ったが，それは本当ではなかった。
　　(3) 私は，まるで何日も何も食べていなかったかのように空腹だった。

[5] (1) which　　(2) are already being used in various areas
　　(3) in place of　　(4) 創造的な活動により多くの時間を費やす(こと)。

[6] (1) まるで私たち[人間]が AI に支配される SF 映画の中にいるかのように
　　(2) between, and　　(3) we are developing AI to make us happier

---

💡 **解説**

[1] (1)「仮に～としよう」Suppose ～　　(2)「まさに～しようとする」be about to *do*　　(3)「A と B を区別する」distinguish *A* from *B*　　(4)「～が原因で」due to ～

[2] (1)「もし（あの時）S'が～だったならば，S は…だっただろうに」は〈If＋S'＋had＋動詞の過去分詞, S＋would＋have＋動詞の過去分詞〉で表す。　　(2)「まるで～である[する]かのように」は〈as if＋S＋動詞の過去形〉で表す。

[3] (1)「～したが，そのことは…」は関係代名詞 which の非制限用法を使い，〈～, which ...〉で表す。　　(2)「彼はまるで何でも知っているかのように」は〈as if＋S＋動詞の過去形〉を使い，as if he knew everything とする。　　(3)「もし（あの時）S'が～だったならば，S は…できただろうに」は〈If＋S'＋had＋動詞の過去分詞, S＋could＋have＋動詞の過去分詞〉で表す。

[4] (1) Without ～「もし～がなければ」という副詞句が if 節の代わりをしている仮定法過去の文。「もし～がいなければ，…だろうに」と訳すとよい。　　(2)〈～, which ...〉は関係代名詞の非制限用法で，ここでは which は he didn't know her という節を受けている。　　(3) as if のあとが仮定法過去完了になっているので，主節の時より前のことを「まるで～であった[した]かのように」と訳すとよい。

[5] (1)「～しているが，そのことは」は非制限用法の関係代名詞の which で表す。　　(2)「すでに使われている」は are already being used と表す。　　(3)「A の代わりに」は in place of *A* で表す。　　(4) 最終文参照。

[6] (1)〈as if＋S＋動詞の過去形〉が使われている。where 以下は a science fiction movie を修飾する関係副詞節。　　(2)「A と B の関係」は the relationship between *A* and *B* となる。　　(3)「自分たちをより幸せにするために」は副詞的用法の不定詞を使い，to make us happier で表す。

pp.126~127 📝 定期テスト予想問題　解答

1 (1) As, know　(2) presided over　(3) make, presentation　(4) over time
2 (1) what I should do　(2) if[whether] it will rain today
　　(3) I met Beth, who is my old friend(.)
3 (1) The children will be able to go to school
　　(2) Do you know when the letter was written(?)
　　(3) They don't know how important English is(.)
4 (1) 彼はうれしそうだった。それは試験に受かったからだった。
　　(2) 彼女はそのジャーナリストに会えるかもしれない。
　　(3) 私たちは駅に6時に着いたが，そのときもう私たちの列車は発車していた。
5 (1) for　(2) is because
　　(3) 私たちが話題にしている品物や概念のはっきりした[わかりやすい]イメージ
6 (1) short for　(2) 他にもおもしろい歴史を持つ言葉があるかもしれない。
　　(3) might be able to find clues that help
　　(4) 例 It means[stands for] "Thank God, It's Friday."

💡 **解説**

1 (1)「あなたが知っているように」as you know　(2)「会議の司会をする」preside over a meeting　(3)「発表をする」make a presentation　(4)「時間の経過とともに」over time
2 (1) 間接疑問文は平叙文の語順にする。　(2) Yes/No で答える疑問文を間接疑問文に変えるので，〈if[whether]＋S'＋V'〉にする。　(3) 先行詞が固有名詞なので非制限用法の関係代名詞しか使えない。〈〜, who ...〉の形にする。
3 (1)「〜できるだろう」は will be able to *do* を使う。　(2)「いつその手紙が書かれたか」は間接疑問文を使い，平叙文の語順にする。　(3)「英語がどんなに重要か」を間接疑問文にする。
4 (1) That was because 〜「それは〜だったからだ」という意味。　(2) might be able to *do* は「〜できるかもしれない」という意味。　(3)〈〜, when ...〉は six を先行詞とする関係副詞の非制限用法。「6時に到着し，そのとき〜」と訳すとよい。
5 (1)「〜を表すために」は for 〜。　(2) This is because 〜で「これは〜だからだ」という意味を表す。　(3) we are talking about は the item と the idea の両方にかかる関係詞節。
6 (1)「A は B の短縮形である」は A is short for B。　(2) There might be 〜は「〜があるかもしれない」という意味。　(3)「〜できるかもしれない」は might be able to *do* で表す。clues の後に関係代名詞 that を続け，「O が〜する助けになる」〈help＋O＋*do*〉の形を置く。　(4) 質問文は「『TGIF』は何を意味しますか。」という意味。

pp.140~141　📝 定期テスト予想問題　解答

1 (1) Make sure　　(2) fought against　　(3) encouraged, to study
　　(4) take care of yourself[yourselves]
2 (1) however　　(2) Waiting　　(3) His leaving
3 (1) I took her wherever she wanted to go(.)
　　(2) the food had been eaten when I arrived there
　　(3) He is proud of his mother's being a nurse(.)
4 (1) そのビルは 10 年間使われていなかったようだった。
　　(2) 時間があるときはいつでも私に電話してください。
　　(3) 私はたいてい音楽を聞きながら運転する。
5 (1) d　　(2) 日本側が 5 日以内に打ち負かされる
　　(3) アメリカの日本本土への攻撃をできるだけ長く遅らせる
　　(4) 彼は自分の兵士たちと共に硫黄島で死ぬ覚悟ができていた
　　(5) 例 It meant losing the lives of many people on the mainland.
6 (1) 兵士たちは硫黄ガスだけでなく，摂氏 60 度にまで達する耐えがたい暑さ
　　にも苦しんだ。　　(2) b　　(3) However hard
　　(4) 例 They needed to dig into the ground.

💡 解説

1 (1)「S が必ず V するようにする」〈make sure＋S＋V〉　(2)「～と戦う」fight
against ～　(3)「A に～するよう勧める」encourage A to *do*　(4)「(自分の)体
を大事にする」take care of *oneself*
2 (1)「どんなに～でも」〈however＋形容詞[副詞]〉　(2)「～しているとき」と
時を表す現在分詞の分詞構文。　(3) 動名詞が文の主語になる場合，意味上の主
語は所有格を動名詞の直前に置く。
3 (1)「S が V するところはどこでも」〈wherever＋S＋V〉　(2)「食べられてし
まっていた」を過去完了形の受動態で表す。　(3)「～を誇りに思う」は be proud
of ～で表す。「A が～すること」は，動名詞の前に意味上の主語を置いて表す。
4 (1) 継続を表す過去完了形の受動態。　(2)〈whenever＋S＋V〉「S が V する
ときはいつでも」　(3)〈S＋V ... ～ing 形〉「～しながら，S は V する」
5 (1) 対比を表す while を使う。　(2) 第 1 段落 2 文目参照。　(3) 第 2 段落 2 文
目参照。　(4) be prepared to *do*「～する覚悟ができている」　(5) 質問文は「硫
黄島を失うことは何を意味しましたか。」という意味。
6 (1) suffer from ～「～に苦しむ」，up to ～「～(に達する)まで」，A as well
as B「B だけでなく A も」　(2) moreover「さらに」　(3)「どんなに～でも」
〈however＋形容詞[副詞]〉　(4) 質問文は「栗林の兵士たちは避難壕を作るため
に何をする必要がありましたか。」という意味。

pp.164~165 📝 定期テスト予想問題 **解答**

1 (1) What if (2) with, folded (3) apply for (4) Taking, consideration

2 (1) with (2) for (3) into (4) in

3 (1) They carried as much water as possible(.)
  (2) She asked me where I wanted to live(.) (3) I would like you to see

4 (1) あなたは彼女が自分のメモを彼に見せているのを見たのですよね。
  (2) あなたがもし鳥だったとしたら，どこに飛んでいくでしょうか。
  (3) 自分の意見を示さない自由もまた保障されるべきだ。

5 (1) Am I allowed to give my (2) making, think
  (3) ここにいるお客様[見学客]を守ることが，私の最優先事項だ。

6 (1) seeing
  (2) 私たちは，賛成か反対かを示すために，彼らにこのボードにシールを貼る
  よう頼んだ。 (3) majority of
  (4) 例 It refers to the number of people who[that] disagreed with the law.

💡 解説

1 (1)「もし〜ならどうしよう」what if 〜 (2)「腕を組んで」with *one's* arms folded (3)「〜に応募する」apply for 〜 (4)「*A* を考慮に入れると」taking *A* into consideration

2 (1) agree with 〜「〜に賛成する」 (2) head for 〜「〜へ向かう」 (3) look into 〜「〜を調べる」 (4) in public「人前で，公の場で」

3 (1)「できるだけたくさんの水」は as much water as possible とする。 (2) 間接疑問文「(私が)どこに住みたいか」は疑問詞の後に平叙文の語順を続ける。
(3)「あなたがたに見ていただきたい」は，〈would like + O + to *do*〉を用いて，I would like you to see とする。

4 (1)〈see + O + 現在分詞〉は「O が〜しているのを見る」という意味。〜, right? は付加疑問を表している。「〜ですよね」と訳すとよい。 (2) 仮定法過去になっているので「もし〜だったら，どこへ飛んでいくでしょうか」と訳すとよい。
(3) freedom not to 〜は「〜しない自由」という意味。should be guaranteed は助動詞を含む受動態。「〜しない自由も保障されるべき」と訳すとよい。

5 (1) be allowed to *do* で「〜してもよい」という意味を表す。 (2) 使役動詞 make を使う使役表現「〜に…させる」では動詞の原形を用いる。 (3) 主語は Protecting ... here で動名詞句。

6 (1)「〜するとすぐに」は on 〜ing で表す。 (2)〈ask + O + to *do*〉で「O に〜するよう頼む」という意味。if 以下は「〜かどうか」という意味の間接疑問文。
(3)「〜の大多数」は the majority of 〜で表す。 (4) 質問文は「68 という数は何を表していますか。」という意味。